難しいロジカルシンキングはいらない

仕事ができる人は
4つのことだけを考える

富沢裕司 著

フォレスト出版

まえがき

本当に仕事で使えるロジカル思考

本書は「話がわかりやすくて仕事が早い人」になるための方法を解説します。その方法とは、ずばり本書で私がお伝えする「ロジカル思考のスキルやコツ」です。

「ちょっと待ってよ、今さらロジカル思考？」と思うかもしれません。

一般に「ロジカル思考」というと、基本的な考え方として帰納《きのう》法、演繹《えんえき》法、弁証法など、具体的な手法としてMECE《ミーシー》、仮説思考、ゼロベース思考、ピラミッドストラクチャー、さらにさまざまなフレームワークを使った方法をイメージする人もいるでしょう。ロジカル思考とは一般にロジカルシンキング、論理的思考と呼ばれている考え方のことです。

しかし、これらは学ぶのが難しいうえに、**実際のビジネスシーンに落とし込むのは容易ではありません。**「本を読んで理解したつもりだけど、意識して仕事に活用することができない」という声をたくさんいただいています。同様の実感を抱いている読者も多いはずです。

もちろん、できるだけ平易に噛《か》み砕き、実践法を説くビジネス書もあります。しかし、それらと比較しても、私の「ロジカル思考」はもっとシンプルです。

具体的には、**「合目的《ごうもくてき》」「構造化」「論拠」「網羅《もうら》」の4つの要素からなる方法**です。これらの要素を意識して実践することで驚くほど仕事がはかどるようになります。しかも、メールや資料作成、報連相といったコミュニケーションなどの日常業務から、大切なプレゼンや商談などの重要案件、そして問題解決まで、幅広く活用できるのです。

私がこの方法を見つけるまでには、当然のこと、試行錯誤や紆余《うよ》曲折を経たのですが、それは私のビジネス遍歴とともにありました。

私は大学卒業後、三洋電機（現パナソニック）で経理財務の仕事からスタートし、5年目にドイツのフランクフルトに転勤して7年近く駐在し、最後の2年間は拠点長を務めました。ヨーロッパでの仕事では合理性、論理性を求められたため、実践的にロジカル思考を試すことになりました。

欧米人の思考や行動は論理的で、日本人は論理的思考が苦手だという意見がありますが、実際は欧米人が得意で日本人が苦手ということはありません。ただ、日本人のほうがロジカル思考を重視していないことに気づきました。「日本は生産性が低い」とずっと言われ続けています。それはロジカル思考が本当の意味で根づいていないからです。みんな教育程度も高く、真面目に業務に取り組みますが、ムダなことが多すぎて、日本は多くの時間を使ってしまいます。生産性が低いのはそのためです。

その後、コンサルとメーカー勤務を経て、人材育成会社のプレセナ・ストラテジック・パートナーズで10年間ロジカル思考の講師を務めました。同社はロジカル思考の研修においてグロービスと双璧《そうへき》の会社です。そこで培った経験と知識をもとに2016年に人材育成を事業としたマキシマイザー株式会社を立ち上げて、独立後、引き続き企業向けの研修講師として現場に立っています。

具体的にはロジカル思考、問題解決、経営戦略といった科目の研修を担当しています。これまでの13年間で研修の仕事をした企業は100社以上、一例としてトヨタ自動車、本田技研工業、パナソニック、日本製鉄、住友重機械工業、日本精機、大同生命保険、三井不動産、イオン、グンゼ、ヤマト運輸、リクルート、楽天、

Ｙａｈｏｏ、メルカリなど、さまざまな業種、業態の会社で研修を提供してきました。私は研修講師を務めながら、受講者が学んだことを十分に使いこなせないことに気づきました。みんなロジカル思考を仕事に活用しようとしながら、空回りしています。日本のビジネスパーソンのロジカル度が低いのは、既存の方法論に問題があるのではないかと感じて、ロジカル思考の本質をつかむために関連書を読み込み、理解しやすく、かつ実践しやすい方法はないか、従来のロジカル思考はなぜ使いづらいのかを考えました。

その結果、「使えるロジカル思考」にするためにつかんだのが先にあげた４つの要素だったのです。「合目的」「構造化」「論拠」「網羅」の活用が、ロジカル思考の始めの一歩であり、究極のゴールだったのです。

多くのビジネスパーソンは、ロジカル思考の大切さを認識しながら、自分の仕事の進め方がロジカルかどうかチェックできずに悩んでいます。しかし、それはこの４つで確認すればいいのです。

合目的か？

構造化されているか？
論拠は整っているか？
網羅しているか？

報連相をしたときに、上司から「それで、要点は何？」と言われたことのある人がいるかもしれません。会議で発言したときに、「それじゃないよ」「話が長いな、何が言いたいの？」「本当か？　理由は？」「それだけ？　ほかには？」などと言われたことのある人もいるでしょう。ロジカル思考ができていれば、上司、先輩、取引先などからこのような反応は生まれません。

あなたが上司の立場で、部下に対して「そうじゃないんだよ」「理由は？」などと言うこともあるでしょう。あなたの仕事をスムーズに進めるためにも、部下にロジカル思考を身につけてもらう必要があります。

そして、本書の内容を理解して活用すれば、きっとあなたは、そしてあなたの部下は、「話がわかりやすくて仕事が早い人」になっていくはずです。

それだけではありません。

現代はＶＵＣＡ《ブーカ》（変動性・不確実性・複雑性・あいまい性）の時代といわれています。状況がよくわからないまま急に変わる難しい状況、という意味です。だから何もわからない、のではありません。何がわかっていて、何がわかっていないのか。それを一歩一歩、ロジカルに整理していく必要があります。

また、これからは仕事で生成ＡＩを活用する場面も多くなっていきます。何のために何をＡＩに聞き、どのようなアウトプットをさせるのか？　生成ＡＩは便利な道具ですが、手段の１つでしかありません。

そして、ＡＩを使って何のために何を導き出すか、果たしてＡＩから出てきた情報は正しいのか、その判断を行うのは人間です。ＡＩは回答を「構造化」して提案してくれますが、それが「目的に合致」しているのかどうかを確かめる必要があります。そしてＡＩの答えを仕事で使っていいのかどうか判断するためには、「論拠」や「網羅」で確認します。

これらはＡＩの主人である人間の役割です。本書でロジカル思考を身につければ、ＡＩを効果的な道具として使いこなせる人材になれるのです。

本書では、序章で総論として「ロジカル思考とは何か」を説明し、第1章以降でロジカル思考の具体的な方法である「合目的」「構造化」「論拠」「網羅」を、事例を交えて解説します。そして最後には実践編として、報連相、メール、プレゼン、会議など、具体的な仕事の場におけるロジカル思考の活かし方をお伝えします。

本書を読めば、ロジカル思考の本質がわかり、ロジカル思考を活用した働き方ができるようになるため、ムダな時間が減るとともに業務の質が上がります。余った時間を活用して、次の新しい仕事にとりかかったり、あるいは学びの時間を増やしたりすることで、ビジネスパーソンとしてさらに成長することができます。

本書の内容を実践すれば、明日からあなたの「仕事」が変わります。

ロジカル思考の話に入る前に、ここで1つ強調させてください。

それは**「人は感情で判断し、論理で説明する」**ということです。意味は、人は感情的に良いと感じたからその理由を後づけで話す。あるいは感情的に嫌だと感じたからその理由を後づけで話す、ということ。つまり判断を先に行うのは感情である、ということです。

私の失敗談をお話ししましょう。ロジカル研修の講師になって自信がついてきたころ、お客様企業の人事部長と打ち合わせをする機会がありました。私が提案する研修を採用したいということです。その打ち合わせの場で、人事部長のお考えに対して、研修の専門家の立場から「それは違いますね、無理です」とストレートに伝えました。

さて、この人事部長から感謝されたでしょうか。私の伝えた内容は有益だったと思いますが、その後、「別の研修会社に頼みます。イメージが違うので」と言われてしまいました。ほとんど採用が決まっていた研修が失注したのです。

論理が正しくても、感情に配慮しないとビジネスはうまくいかない。そう気づきました。

とはいえ、もちろん仕事では論理的な説明が求められます。ですから論理、ロジカルは大切。よって本書があるわけです。

「相手の感情は大切である」という前提のもと、論理、ロジカルのスキルを上げるためのコツや方法を一緒に学んでいきましょう。

仕事ができる人は4つのことだけを考える　もくじ

第1章

ロジカル思考の第一歩は目的の明確化

合目的

- ロジカルに仕事を進めるコツ
- ロジカル思考が仕事を成功させる
- 「ロジカル思考」に対する質問への回答
- 「目的」を明確にする5つの方法
- まず「常識」「想像」で目的を把握する
- 不安に感じたことは「確認」する
- 「分析」「議論」で目的を明確にする
- 仕事に熱中したときに、立ち止まって考える
- 振り返る習慣をつける
- 合目的を意識して自己成長をはかる
- 合目的を見失った会社は迷走する
- 手段の目的化を止める

第2章

△□○のパターンで全体を把握する

構造化

- 目的を考えたら別の手段が見えてくる
- YESマンはロジカルなのか？
- 「構造」は建物のつくりや料理のレシピのようなもの
- 構造化のために「分解」「分類」する
- 三角構造で論点を明確にする
- 「三角形」で構造化するときの留意点
- 「四角形」で構造化する
- 「マル」を構造化に応用する
- 構造化の基本は分けて整理すること

実践編

ロジカル思考を仕事に活かす

ブックデザイン　山之口正和＋齋藤友貴（ＯＫＩＫＡＴＡ）
編集協力　大屋紳二（ことぶき社）
図版作成　富永三紗子
本文デザイン・ＤＴＰ　フォレスト出版編集部

序章

ロジカル思考の
4つのステップ

そもそもロジカル思考とは何か？

現代はさまざま人たちと協働する時代になりました。また、いろいろな職場で働く時代になりました。社内には、新卒生え抜きばかりでなく中途採用で入社した多様な職歴をもつ人も多く、転職が珍しくないビジネス環境ではいくつかの職場を経験する人も多いでしょう。あなたの周囲ではどうですか？

こうした、さまざまに異なるバックグラウンドをもつ人たちのいる環境においては、自分の考えをロジカルにわかりやすく整理して確実に伝えていくスキルがなければ、「話が通じない」ことになってしまいます。

周囲から「あの人、話がわかりづらいな」と思われたら、痛いですよね。

また、いくら話がわかりやすくても仕事が遅いと結果的に「評価」につながらないでしょう。

これから「話がわかりやすくて仕事が早くなる」ための考え方として、ロジカル思考を説明します。

では、そもそもロジカル思考とは何か――まず、ロジカル思考の概略を理解するために、次の4つのケースを考えてみてください。それぞれの質問に対する2つの答え方のうち、どちらが適切でしょうか。

目的に合っているか　ケース1

よい答え方をしているのは、AさんとBさんのどちらでしょうか？

質問：頼んでいた会議資料は、どのくらいできていますか？

Aさん：あ、はい、資料ですよね、実は午前中、結構忙しくて、あと、あの資料って他部署の意見も聞く必要があるじゃないですか。なので、その意見をメールで聞こうか、打ち合わせをして確認しようか、ちょっと悩んでいます。

Bさん：あ、はい、8割ほどできています。あと少し、体裁を整えて、調べた情報を入れれば完成する予定です。

よい答え方はBさんです。

Bさんのほうがシンプルに答えているから、ではありません。注目してほしいのは、質問の内容に的確に回答しているかどうかです。

質問は「会議資料は、どのくらいできていますか？」です。質問の目的は進捗《しんちょく》を知ることです。その目的に合致しているのがBさんの答え方です。Aさんは仕事の進め方に迷っていることをほのめかしていますが、どれくらいできているかについて答えていません。相手の質問の目的に答えていないのです。

目的に合っていることを「合目的」と言います。Aさんは「どのくらい」という聞き手が知りたいこと（目的）に答えていないので、合目的ではありません。

質問を受けた人は、その質問の意図（目的）を正しく理解して、適切かつシンプルに答える必要があります。

構造化されているか　ケース2

CさんとDさん、どちらの答え方がわかりやすいでしょうか？

質　問：新しい会計システムの、経費予算の入力方法を教えてください。

Cさん：はい、大きく分けて言うと、3つの作業がありまして、1つ目が自分のメールアドレスでシステムにログインする、2つ目は何月の経費にするか対象の月を選ぶ、3つ目は対象の経費科目を選択肢から選んで金額を入力する、です。

Dさん：はい、まずシステムにログインするのですが、それは自分のメールアドレスを使います。そうすると画面のなかで経費の予算を申請する月が選べるので、どの月にするか選んでください。そうしたら、あとは経費申請したい経費科目を選ぶとか金額を入力するとかの流れになりますね。

よい答え方はCさんです。その理由は相手が理解しやすいからです。Cさんは、最初に、Dさんが知りたいこと（Cさんが伝えたいこと）の全体像を「3つあります」と前置きしています。初めに「入力方法」の作業が3つあることを伝えたのち、3つを順を追って説明しています。

Dさんの説明では、聞き手は途中で「説明はどのくらい続くのだろう」と感じてしまうでしょう。

聞く側は、最初に「3つ」などと相手の説明がどんな構造なのかがわかると、話の内容を理解しやすくなります。伝える側（答える側）も、最初に構造を明らかにすることで、情報を整理して伝えることができます。

CさんとDさんの違いは、説明を「構造化」できているかどうかです。**構造化とは、何個ある、何段階ある、何ステップある、といった構造を明確にすること**です。Cさんの説明は構造化できているので、明確でわかりやすいのです。

論拠を具体的に示しているか　ケース3

聞き手が納得しやすいのは、EさんとFさんのどちらの答え方でしょうか。

質　問：新しく買うパソコンはA社の製品に決まったそうですが、なぜA社なのですか？

Eさん：理由ですね。A社の製品がよいという声が多いんですよね。前から使っている人が多いので。とくに社内でどこの会社のパソコンにするか、決まっていないと思うのですが、となると、使い慣れているパソコンがよい、という声が多くなるのだとは思います。

Fさん：理由ですね。A社のパソコンは、社内で使っている他社のパソコンと比較して故障が少ないという実績があります。また、価格はB

社、C社とも比較したのですが、同じ機能でみると、3%ほどですがA社が安いのです。

質問した人が知りたいのは論拠（理由）です。2人ともA社のパソコンを選んだ論拠を説明していますが、Eさんの論拠はあいまいなので、なぜA社の製品が選ばれたのか判断ができません。

一方、Fさんの説明は具体的で、他社製品と比較もされていて、A社のパソコンを選んだ論拠が明確です。

論拠は、その中身が具体的で、比較されていることが重要です。**相手を納得させるには、その説明のなかに誰もが納得できるしっかりとした論拠を適切に示す必要があります。**

漏れや抜け、重複はないか　ケース4

質問に対して適切な答え方をしているのは、GさんとHさんのどちらでしょうか？

質　問：明日の部長との会議に向けて、準備の状況はどうですか？

Gさん：はい、会議で部長に決めていただきたいことの準備は大丈夫です。念のため、確認します。おっしゃっていた「来月の出張のスケジュール」と「その出張の予算」のほかに、会議のなかで決めていただくことは、ありそうでしょうか。

Hさん：はい、会議の準備ですよね。大丈夫です。来月の出張についておっしゃっていた、部長に決めていただきたいことの準備ですよね。それはできています。

より適切な答え方をしているのはGさんです。

Hさんも簡潔に答えていますが、Gさんは質問に答えたうえで、何か漏れていることはないか、抜けていることはないかと確認しています。質問に答えるだけでなく、ほかに準備することはないかという確認を行っています。これがビジネスパーソンの答え方として適切です。

Gさんは、**準備に漏れや抜けがないか、「網羅」を心がけて準備をしています。**会議の準備について、全体を漏らさず、つかまえようとしていることが相手に安心感を与えます。

ロジカル思考の4つの要素

以上の4つのケースは、ロジカル思考に必要な要素を示したものです。すなわち、ロジカル思考に必要な要素は「合目的」「構造化」「論拠」「網羅」の4つです。

①合目的：内容が目的に合っている。
②構造化：全体の構造が明確である。
③論拠：答え（意見、判断、提案など）の理由が適切である。
④網羅：情報に漏れや重複がない。

これら4つを整えることがロジカル思考に沿った説明や仕事の進め方です。

この4つができれば、わかりやすく、納得感があり、安心感が生まれます。結果、ムダなやり取りが減り仕事も早くなるのです。

先の4つのケースでは、例として答え方（伝え方）を見てきましたが、その答え方のなかに、答える人がロジカルに思考できているかどうかが表れています。ロジカル思考によって導き出された答え方はわかりやすいのです。

上司から「わかりにくいな」「それで全部？」「もう1回説明してくれる？」と言われて戸惑ったことのある人もいるのではないでしょうか。

もし、相手から「それじゃないよ」「何が言いたいの？」「長いな」「本当？」「理由は？」「それだけ？」「ほかには？」などという言葉が返ってきたときには、あなたの説明がロジカルでないことになります。

相手からそんな言葉が返ってくる場合には、次の原因が考えられます。

「それじゃないよ」：目的に合っていない（合目的でない）

「何が言いたいの？」「長いな」：全体の構造が明確でない（構造化されていない）
「本当？」「理由は？」：答えの理由が適切でない（論拠がつながっていない）
「それだけ？」「ほかには？」：情報に漏れや重複がある（網羅されていない）

今目的でなければ、相手からは「それじゃないよ」と思われてしまいます。構造化ができていないと、「何が言いたいの？」「長いな」と思われます。そして、論拠が明確でないと、「本当？」「理由は？」と返されます。網羅ができていないときは、「それだけ？」「ほかには？」と突っ込まれるでしょう。

こういう反応をされないように、コミュニケーションの前にチェックしてみてください。**打ち合わせやメールを送るとき、電話をかけるとき、会議で発言するときには、右記のような「ダメな反応」をされないように事前に自分の考えを４つの要素で整理しておく**のです。

相手からダメな反応が繰り返されると、実際の実力に関係なく、相手はあなたのことを「要領を得ない人」「安心して仕事を任せられない人」と判断するかもしれません。少なくとも「頭が整理されていない人」と思うでしょう。

重要なことはそれだけではありません。コミュニケーションの場面にかぎらず、ロジカル思考ができない人は、多くの非効率的な仕事をしています。ムダな時間を使ってムダな作業をしているのです。

ロジカルに考えないと社員300人の会社なら1年に2万4000時間のムダ

打ち合わせ、電話やメール、会議において、ロジカルなやりとりができないと、当然ながら余計な時間がかかってしまいます。さまざまな仕事において、ロジカルに進めることができなければムダが発生してしまいます。

私が研修参加者に聞いたところ、メールのやりとり、打ち合わせ、資料作成などで、1日に20〜30分をムダにしていると感じていると答えています。コミュニケーションや情報の整理において、「それじゃないよ」「何が言いたいの?」「本当かな?」「ほかにもないの?」といった、行ったり来たりのムダな確認作業が発生しているということです。

営業で取引先とのやりとりに再確認が必要になったり、社内ではミーティングが非効率なためにムダな時間が発生したりしています。

メールのやりとりでも、延々と確認のラリーが続くことがあります。たとえば、打ち合わせ日時や場所などの調整で、お互いが、あるいは一方が融通がきく日時を明確に伝えないことで、延々とやり取りが続いたという経験をしたことがあるでしょう。あるいは、3つ質問をしたのに2つにしか回答がなく、もう一度メールを出して確認するなどです。

社内では上司や部下とのやりとりでも、ムダを実感しています。30分ですむ打ち合わせに1時間かけてしまう。決めたいことが決まらない。話が脱線して長引くなどです。会議に時間がかかるだけでなく、1回で終わらずに再招集をかけてもう一度会議を行うこともあります。要するにロジカルなコミュニケーションがうまくできないことによってムダな時間を発生させ、やりとりが何重にもなり、結果として貴重な時間を失っているということです。

これらは、まさしくロジカルに仕事ができないことで生まれるムダです。

もし、1人が1日あたり20分を浪費していれば、300人の会社では年間に2万4000（20分×300名×240日÷60）時間のムダが発生していることになります。

これを金額にすると、2万4000時間は、社員の平均時給を2000円として4800万円。本来1時間で1万円の付加価値を生むとすれば2億4000万円の損失となります。会社として非常に大きな損失が毎日発生しているのです。

これはダブルパンチです。**時間がムダになるだけでなく、本来その時間で生むことができた付加価値がつくられず、機会損失も生んでいる**からです。

そういったムダは必要のない残業も生んでいます。仕事が早く終われば、早く帰ることができますし、その時間に別の仕事に取りかかることもできます。

個人が仕事中に1日20分ムダにしているとすれば、年間240日で80時間をムダにしていることになります。1日8時間働くとすれば80時間は10日分です。10日間あれば遠くに旅行へ行けますし、趣味の時間を増やすこともできます。個人としても大きなムダがあるのです。こうした「もったいない状態」を避けるためにも、ロジカルな仕事の仕方が必要なのです。

もちろん、時間のムダだけではなく、ロジカルに仕事ができないことでミスを犯して仕事をやり直したり、同僚に迷惑をかけたり、プロジェクトを遅延させたりして、会社に損失を与えることもあるでしょう。

「日本は生産性が低い」と言われる理由

「日本は生産性が低い」とずっと言われ続けています。みんな真面目に働いているのに、なぜそう言われるのでしょうか？

その理由は、情報を取り扱う仕事では自己流で進めているとムダが多くて、かけている時間に対して成果が低く、結果として生産性が上がらないからです。情報を取り扱うとは具体的な作業でいうとメール、チャット、ミーティング、資料などを用いてコミュニケーションをとる仕事です。

それらの仕事においては、ロジカル思考を用いて的確に情報を整理してわかりやすくコミュニケーションをとる必要があります。

生産性が低いとは簡単に言うと、同じ生産物を生むのに多くの時間を使っているということです。アメリカやヨーロッパの企業の生産物が必ずしも質が高いわけではありませんが、必要な品質を達成するために手早く仕事をこなしています。

勉強時間とテストの結果に例えてみましょう。80点を合格点（必要な品質）とします。

80点をとるための勉強時間が2時間であれば、1時間の勉強時間で40点がとれるということです。欧米企業は2時間で80点をとります。一方、日本企業は96点とれるのですが、そこに6時間の勉強時間をかけます。1時間の勉強で16点ということです。

1時間で40点と1時間で16点を比べると、16点は明らかに時間効率が悪い。80点と96点では96点のほうが優れていますが、生産性に差があります。日本企業が国際競争で勝ちたければ、めざすべきなのは1時間で40点以上なのです。

もし96点を2時間で得られたら1時間あたり48点です。そうすれば生産性が上がります。しかし、そのためには劇的に勉強時間を減らさなくてはなりません。そのために必要なことがロジカル思考というわけです。

「え⁉　ロジカル思考だけでいいの？」と思うかもしれません。「仮説思考や論点思考、あるいはクリティカル思考は必要ないの？」という声も聞こえてきそうです。はい、ロジカル思考だけで大丈夫です。なぜなら、仮説思考、論点思考やクリティカル思考はすべてロジカル思考の応用だからです。この部分は後で触れますね。

ちなみに、私は7年ほどヨーロッパで仕事をしましたが、欧米人のビジネスパーソン全員がロジカル思考を身につけているというわけではありません。一般のビジネスパーソンで比べれば、日本人のほうが合理性や効率性を意識しています。ただし、ヨーロッパでは経営幹部など上位のポストにいくほどロジカル思考に優れています。かれらはコミュニケーションにおけるムダを徹底して嫌います。

日本はその逆で、上位ポストに行くほどロジカル思考以外の要素が強くなっていると感じています。

たとえば、「あうんの呼吸」「空気を読む」といった判断やコミュニケーションです。

企業組織を動かすのは幹部ですから、この違いが生産性の違いを生んでいるというのが私の理解です。企業の管理職、経営幹部にこそ、ロジカル思考の重要性を理解してほしいものです。

救いとして管理職、経営幹部の間においても多様化が進んでいます。中途採用や社外取締役の設置が広まってきています。そうなると、ロジカル思考に基づくコミュニケーションが重要となります。

多様な人たちとのやりとりにおいては、「あうんの呼吸」や「空気を読む」ことが通じなくなるからです。

ロジカルに仕事を進めるコツ

さて、話を個人に戻して、ここで簡単にロジカルに仕事を進めるコツをご紹介しましょう。

「合目的」「構造化」「論拠」「網羅」という要素を整えるために、次のように自分に問いかけたり相手に確認したりすることで、ロジカル思考が可能になります。

「目的は」と言う、書く：目的が何かが相手に伝わります。

最初に伝えることが何個あるか言う、書く：全体の構造が明確になります。

論拠（理由）を具体的に挙げて比較する：答えに対する論拠が適切になります。

相手に確認する／枠組みを活用する：情報に漏れや重複がないかを確認します（枠組みの活用とは、社内のフォーマットやチェックリストと照らし合わせて、漏れや重複を確認する方法です。網羅は他力を使う、といってもよいでしょう）。

さて、これらはごく当たり前に感じるかもしれません。ですが、意外にみんなやっていないのです。それが組織における問題です。

まず「合目的」にある「目的は、と言う、書く」について。メールの冒頭に、何のためのメールかを書いていないメールがたくさんあります。また、相手に話しかけるときも何のために声をかけているのか、目的を言わないケースがあります。たとえば「少しお時間よろしいですか？」だけ言って、あとは自分の言いたいことを話すといったケースです。そうではなく、「ご相談があります、目的は……」と言うだけで、言われた相手は何を考えればいいのか準備ができるのです。

「構造」を明確にするための「最初に伝えることが何個あるか言う、書く」について。話し始めに何が何個あるのかを伝えているケースは少ないものです。なんとなく話し始めて、思いついたことからテーマが派生して話が終わらない場面をよく見かけます。「何が言いたいの？」という状態です。メールでも伝えたい内容が何点あるのかを明示していないケースがあります。

「論拠」においても、理由を具体的に整えて比較をしていないから、提案の承認に時間がかかるケース、説明が相手に伝わらないケースを見受けます。

「網羅」でいえば、相手や上司に確認せず、またフォーマットやチェックリストも使わずに自己流で仕事を進めて、結果的に後で問題になるケースをたくさん見てきました。

このコツを身につけて実行することで、毎日行うメール、資料の作成、取引先とのやりとり、上司への報連相、会議の進行などが合理化され、とても効率的になります。

メール作成に時間がかかっていたのが、目的を明確にして構造化を意識することで書き方に迷わなくなります。結果として、素早く内容を整理して送ることができます。合目的で構造化されたメールに対しては、誤解の発生、内容確認のメールや電話などが減るので、余計な対応が減ります。メール1つとっても、仕事が早く進むのです。

おそらく、みなさんがこれまで読んできた、あるいは教えられた「ロジカル思考」とは違い、悪く言えば「あっけない」、よく言えば「非常に簡単」と思われたのではないでしょうか。そう、このように4**つの要素を意識するだけで、容易にロジカル思考をビジネスに落とし込むことができる**のです。

ロジカル思考を仕事に取り入れることで、夜20時までかかっていた業務が18時に終わるなど、仕事時間の短縮も実感できるでしょう。

ロジカル思考が仕事を成功させる

ここまで、ロジカル思考とは何か、その概略を説明してきましたが、最後に1つの事例を紹介します。未熟な営業パーソンがロジカル思考を身につけて仕事に成功するまでのストーリーです。

じつは、このなかに登場するA君の先輩であるB氏は、かつて私の研修を受けた方です。非常にうれしいことに、私がお伝えしたロジカル思考を意識して、部下の育成をされたとのことで、数年経ってお会いしたときに、そのエピソードを私に教えてくれたのです。

新卒で広告代理店に入社したA君は、営業部に配属されました。彼は熱意だけは人一倍ありましたが、業界の知識も経験も浅く、周囲の期待に応えられずにいました。上司から与えられたタスクをやり遂げるにも時間ばかりがかかり、評価されない日々が続いていました。

そんなA君が新卒2年目のある日、クライアントの新商品プロモーション案件を初めて担当することになりました。しかし、作成した提案書は情報が散乱しており、要点がまとまっていません。上司からは「何を伝えたいのかわからない」と言われてしまい、クライアントとの打ち合わせでは、発言を求められないメモ役になりました。

当日、クライアントへのプレゼンテーションを担当することになったのはA君の作成した資料を手直しした先輩社員でした。資料作成に数日を費やしたA君は悔しくて涙目です。

落ち込んだA君は、自分の仕事ぶりを見直すことにしました。そんなとき、尊敬する先輩のB氏から声をかけられました。

「A君、資料作成はまず目的を明確にすることが大事だよ。何のための提案なのか、クライアントの言葉を目的として書いてみてごらん」

この言葉にハッとしたA君は、「目的を考える」ことの重要性に気づきました。クライアントが実現したいものは何か？　自身の資料にはそれが明記されていないために、内容にまとまりがなかったのです。

さらに、B氏から「目的を明記したあとは、情報を構造的に整理すると伝わりやすくなるよ」とアドバイスを受けました。

そこで、A君は情報をカテゴリー分けし、箇条書きに番号を付けて、提案書の構成を見直しました。そして、書いた内容が目的に合致しているか確認してみました。「合っている。これなら自分の資料でプレゼンできる」と感じたA君は、B氏にチェックをお願いしました。

B氏は、「目的が明確になったね、構造もしっかりしていて目的に合っている。あとは……」

B氏は続けました。

「あとは、伝えたい内容の論拠を整えることが必要だ。この内容には具体的なデータをつけたほうがいい。そして、網羅を心がけて情報の漏れをなくすことだ。この資料にはクライアントにとってのリスク情報が漏れている。構造的に情報を整理したうえで、論拠と網羅を忘れないことだよ」

アドバイスの内容を理解したA君は、資料を修正しました。

アドバイスを活かして再度作成した提案書は、以前とは比べ物にならないほど完成度が高くなりました。クライアントへのプレゼンもA君が実施することになりました。A君の説明は明確でわかりやすく、相手にしっかりと伝わりました。

クライアントからは「わかりやすくて納得感の高い提案ですね。ぜひこのプランで進めましょう」と高い評価を得ました。上司や同僚からも「よくやった！」と称賛され、A君は自信をもてるようになったのです。

その後もA君は、目的を考え、構造的に思考し、論拠を整え、情報を網羅するという4つの学びを実践し続けました。こうして、彼の提案やプレゼンテーションはつねにわかりやすく、クライアントや社内からの信頼も厚くなっていったのです。

1年後、A君は大型プロジェクトのリーダーに抜擢《ばってき》され、チームを率いて成果を上げるなかで、自分自身の成長を実感しました。

「私はロジカル思考のちょっとしたコツを知らなかっただけだったんだ」

A君は「ロジカルな人」と思われることで信頼感が増し、ロジカルな仕事の進め方によって成果を出して評価を高めました。

彼の成長物語は、社内でも話題となり、新人たちのよいお手本となりました。A君は今や、会社を代表する営業パーソンとして大活躍しています。

出来すぎた話に思えるかもしれませんが、実話です。ここまで読んでロジカル思考の重要性と使い方がイメージできたでしょうか?

「ロジカル思考」に対する質問への回答

第1章に進む前に、ロジカル思考についてよくある質問について解説しておきます。

質問1:ロジカル思考をとっさの場面で使うにはどうしたらよいでしょうか?

結論を言うと、とっさの場面でロジカル思考を使うコツはありません。というと身も蓋《ふた》もありませんが、「ロジカル思考は準備が9割」です。とっさにできるようになるコツはないのです。1つでもロジカル思考ができるようになるには、慣れが必要です。

ロジカル思考はピアノやギターのような楽器と同じく、練習の積み重ねが必要です。慣れていない人がピアノやギターをとっさに弾《ひ》けることはありません。

では、とっさのときに答えたり説明する必要が発生したらどうするか？　そのときはまず、時間をもらうことです。「しっかり考えたいので、数分のお時間をいただけますか？」といった具合です。そこで、合目的・構造化・論拠・網羅の4つを整えます。

質問2：口頭でやりとりをするときに、ロジカル思考を働かせることが苦手です。どうしたらよいのでしょうか？

まず、苦手、とはどういう状態なのかを明確にしましょう。

目的を理解しないままやりとりをしてしまうのであれば、「目的は……」という発言をします。構造化をしていないならば、伝えたいことが何点あるか、相手の話は何点あるか、口に出して確認しましょう。

そのうえで、一番よいのは伝えたいことをあらかじめ書いて用意をしておくことです。あるいは相手の発言を簡単にメモすることです。簡単なメモ書き程度でよいので、伝えたいこと、聞きたいこと、相手の言ったことなどを箇条書きで構造化して整理しておきましょう。

口頭でなんとかしたい、という質問かもしれませんが、慣れてないのであれば口頭でなんとかするより準備が大切です。

質問3：ロジカルに資料を作成したり、メールを書こうとすると時間がかかりますが、それは問題ないのでしょうか？

もちろん作成する時間は短いほうがいいです。ただ、「資料は資産、トークは費用」という言葉があります。資産とは再利用が可能なもの、費用とは再利用できないものです。

報告書やメールの連絡も含めて、何度も読める、あとでも読める、何人でも読める、のが資料です。だから資産といえます。資産ですから、少しは手間をかけて仕上げてもよいでしょう。ロジカル思考の4要素を用いながら資料作成に慣れていけば、作成のスピードは上がります。

一方でトーク、つまり口頭のやりとりは再利用ができません。使ったらおしまいの費用みたいなものです。よって口頭の場合、同じことを伝えるならば時間は短いほうがいいのです。口頭のやり取りで時間がかかる場合は、別の方法がないかを考えてみるとよいでしょう。

ロジカルな資料やメールを作成するためには、本書でお伝えしているロジカル思考の4要素をぜひ使ってみてください。

質問4：ロジカル思考は何のために使うものなのですか？

ロジカル思考は仕事で使うものです。そして仕事である以上、必ずほかの誰かのために役立つ必要があります。仕事とは誰かのために役立つ行動のことだからです。

「ロジカルは愛情」ともいえます。

「料理は愛情」といわれますが、「こうしたらわかりやすいかな」とか「このほうが相手の好みに合うかな」と考えて使いましょう。

質問5：感情的になっている相手にロジカルに説明する方法は？

まず、相手の感情を落ち着かせる必要があります。感情的になっている場合、ロジ

図1　ロジカルに説明するのは、動物脳を落ち着かせてから

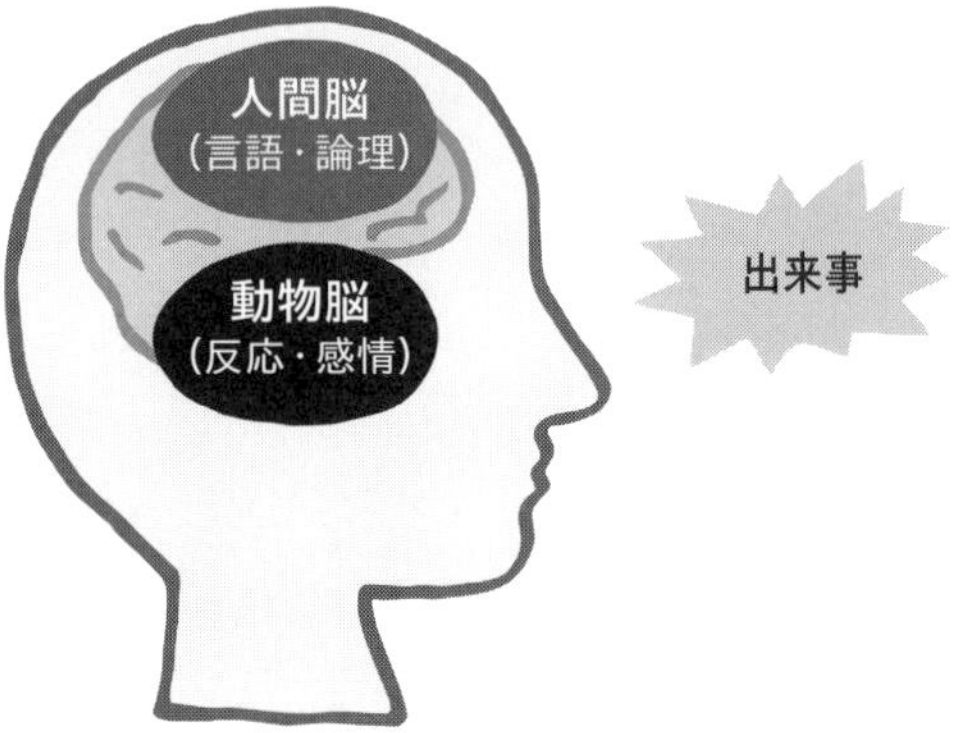

出来事に対して揺れ動き、不安定になりがちな動物脳（反応・感情）の上に
人間脳（言語・論理）が乗っていると考えると、
ロジカルな説明を聞いてもらうには、まずは動物脳を安定させる必要がある。

カルな話は伝わりにくいのです。

人間の脳の構造は、感情で動く部分にロジカルを理解する部分が乗っていると考えてみてください（図1）。脳みそのなかで感情の部分が落ち着かないと、ロジカルの部分は働かないのです。まず相手が感情的になっている原因を考えて、その原因を解消する必要があります。あるいは少し時間を置くことで、相手の感情が落ち着くことを待ちます。

第1章からは、「合目的、構造化、論拠、網羅」それぞれについて、具体的な方法、身につけ方、仕事での活用の仕方を見ていきましょう。

第1章

ロジカル思考の第一歩は目的の明確化

合目的

「目的」を明確にする5つの方法

ロジカル思考の第一段階は目的を考えることです。これを「合目的」と言います。目的とは、未来に設定する今よりよい状態のことです。目的はめざす姿ともいえます（図2）。

どんな仕事にも目的があります。なぜなら、仕事は今よりもよい状況を実現するための手段なので、目的がなければ仕事の中身が決まりません。会社にはビジョンや経営戦略のもとに設定された年間の売上高などのめざす姿があり、それを達成するために各部門の目的があり、部の目的を達成するために課の目的があり、課の目的を達成するために社員個人の目的があります。

個々の社員は複数の業務を抱えていますが、それぞれの仕事に達成すべき目的があります。目的のない仕事はありません。その目的を見失ったまま仕事を進めてしまうと、必要以上に時間を使ったり、大切なことが抜けてしまったり、時には仕事自体がムダになることもあります。

図2　「目的」とは未来に設定する理想とする姿

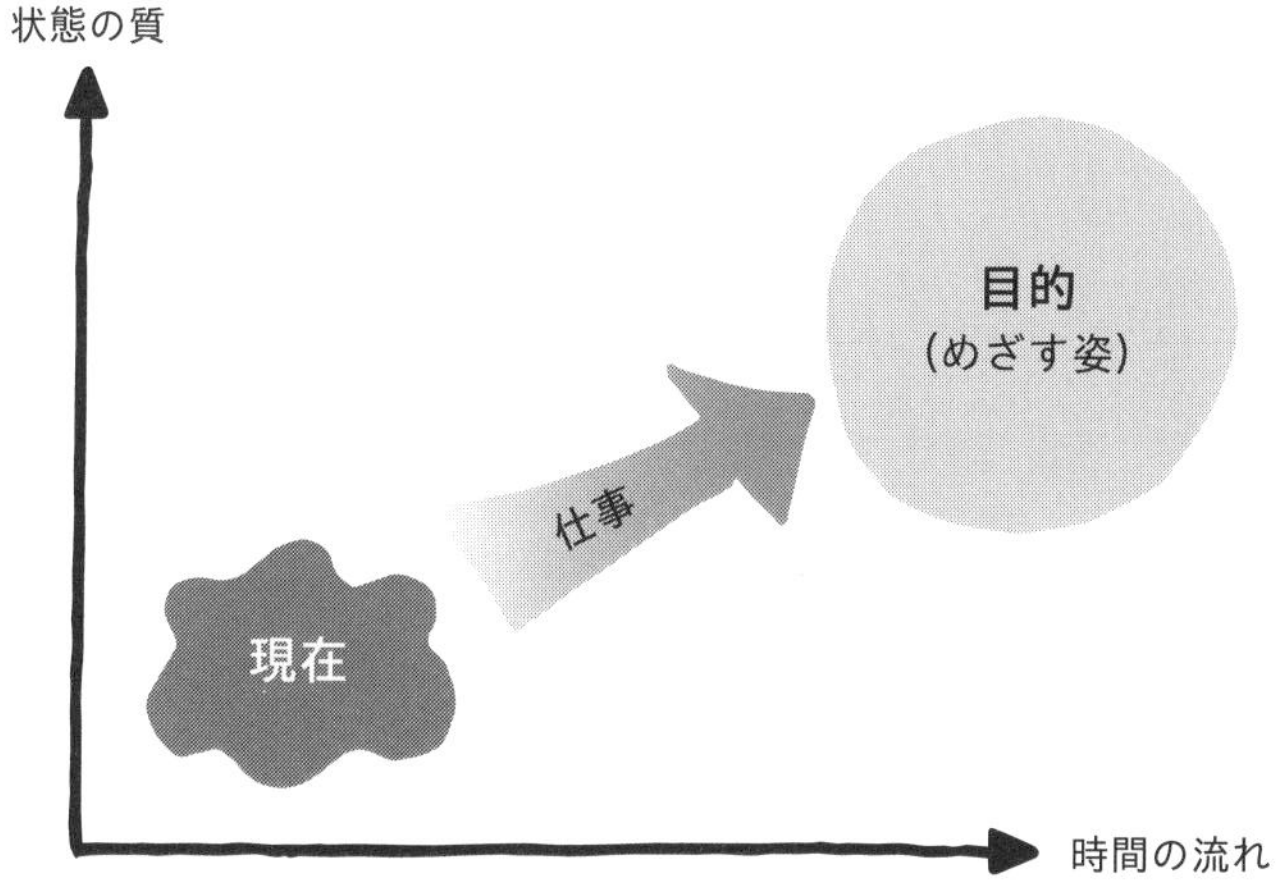

仕事を始める前に明確に目的を定め、つねに目的を意識しながら効率的に仕事を進めましょう。そして、仕事を進めながらも目的を失っていないかどうか確認することが必要です。目的は何で、自分の考えや行動はその目的に合致しているのか？　この「合目的」がロジカル思考の第一段階です。

目的に合っていない仕事とは、自分の思いつきでやっている仕事です。たとえば、会議資料を作成するときにも、目的を考えずに自分のつくりたい資料をつくってしまうと、会議で必要とされていない情報が盛り込まれ、必要な情報が入っていない資料が出来上がることになります。報連相において過不足があるのも、目的をしっかりとらえていないからです。

では、目的を決める方法について説明しましょう。

まず「常識」「想像」で目的を把握する

仕事には容易に目的がわかるもの、慎重に目的の確認を行うべきものがあります。目的の把握の仕方には5つのレベルがあります。

その**レベルは難易度の低いほうから順に「常識」「想像」「確認」「分析」「議論」です。目的が「常識」でわかる場合もあれば、「議論」が必要なケースもあります。**

5つのレベルで目的を確認しましょう（図3）。

難易度1の「常識」による目的の把握とは、ビジネスパーソンが常識で判断できる目的です。遅刻をしてはいけない、ミスをしてはいけないなどです。

たとえば、あなたが営業として上司とお客様訪問をする予定だったとして、上司から「5分前にお客様のビル前で待ち合わせ」と言われました。「なぜ5分前集合なの

図3 目的を明確にするための5つの方法と難易度

難易度：高 ↑↓ 低

必要事項	例
議論	・関係者の利害が異なり勝手に決められない状況。 ・内容が重要であり失敗を避けたい状況。
分析	・調べずに決めるとトラブルになること。 ・様々な可能性があり、不確定要素が多い状況。
確認	・相手に聞けば分かること。 ・スケジュールを見たら分かること。
想像	・いつも上司が言っていること。 ・前回、相手が言っていたこと。
常識	・ビジネスパーソンとしてあたりまえのこと。 （遅刻をしてはダメ、ミスをしてはダメ……）

だろう？」と一瞬思うかもしれませんが、常識的に考えて、遅れないために5分間の余裕をもつためだろう、とすぐに理解するはずです。

これは、上司の注意事項の目的を考えた例です。

難易度2は「想像」です。日常業務では想像すればわかる目的も多くあります。いつも上司が言っていること、前回相手が言ったことを思い出すことによって確認できる目的です。

たとえば、私がドイツにいたとき上司から会議資料をまとめるように指示されました。「営業会議で使う資料だから前回と同じでいい」と言われていましたが、役立つ資料にしたかったので、この資料を使う目的を考えてみました。

「そういえば、上司は今度の会議では北欧エリアの売上下落について対応を決めたいと言っていたな」と思い出しました。「そうか、それが目的だ」と私は理解して、資料の中で北欧エリアの売上下落についての背景や原因を補足説明しておきました。このことで、上司から「資料のなかで売上が落ちた原因を細かく説明してくれていたので助かったよ。ありがとう」と感謝の言葉をもらうことができました。

これは、想像によって資料の目的を明確にした例です。

不安に感じたことは「確認」する

難易度3の目的の「確認」は、相手に聞く、あるいは相手のスケジュールを知ることで目的を明確にする方法です。常識では判断できず、想像しただけでは不安だと感じたものには確認が必要になります。

たとえば、私の会社の営業部のC係長は、お客様から新入社員向けのロジカルシンキング研修について実施の要望を受けました。

C係長はこれまでの実績のあるプログラムなので、手元にある資料をまとめてお客様に提案書を作成しようと考えていましたが、念のため、お客様に研修を実施する意図を聞いたほうがいいと判断しました。

そこで、「ロジカルシンキング研修をご実施されることは理解しているのですが、新入社員に実施する意図を教えてください」と確認しました。

すると、お客様は「今年から新入社員の配属時期が早まるため、職場ですぐに使える内容の研修が必要になりました」と言われました。これを聞いて研修の意図を理解したC係長は、「職場ですぐに使えるロジカルシンキングのコツを盛り込んだ研修」を企画して提案したところ、受注が決まりました。

これが「確認」の例です。C係長はお客様に提供するサービスの目的を定めるために確認を行いました。

このように、**上司からの指示や、外部からの依頼など新しい仕事が発生した場合には、まず目的を「確認」します。**

実際に、目的が明確に示されない仕事というものがあります。それでは担当する本人は、合目的に仕事ができませんから、「しっかり仕上げたいのでおうかがいしますが」と言いながら、「この指示、依頼をくださった背景は何でしょうか？」「このあと、いつ、どのように使いますか？」などと聞きます。これによって、目的が明確になります。

通常は、目的は「常識」と「想像」の2つによってわかりますが、不安に感じたときには、自信のないままに仕事を進めないように「確認」を行います。確信がもてないまま仕事をしていると、迷いによってムダな労力や時間を使ってしまいますし、もし目的が違っていたら仕事がムダになってしまいます。

「分析」「議論」で目的を明確にする

難易度4の**「分析」による目的の明確化は、慎重に目的を定めなければトラブルになる可能性のあるケースで行います。**さまざまな目的が想定できる不確定要素が多い状況で、正しい目的を確かめる方法です。

たとえば、物流会社で係長を務めるDさんは、配送業務の管理を担当しています。

次年度の重要テーマとして上司からは「トラックの稼働率をなんとかしてほしい」と言われました。この仕事の目的を定めるために、配送関連のデータを分析したところ、以下の数値が明らかになりました。

●特定のルートではトラックの稼働率が平均60％と低い。
●遅延配送が全体の5％を占め、そのうち70％が特定の時間帯に集中している。

これらの数値を踏まえ、トラックの稼働率を向上させることをめざしていくなかで、Dさんは具体的な仕事の目的を、「稼働率が低い特定ルートの再編成」と「配送スケジュールの最適化」であると設定しました。そして分析の結果をチームと共有し、目的の達成に向けて具体的な改善策を提案しました。最終的に、データに基づいた施策が設定され、それを実行に移すことで、特定ルートのトラックの稼働率を高め、遅延配送の半減を達成できたのです。

これは仕事の目的を定めるために行った、課題をめぐる状況を「分析」した例です。難易度5は「議論」です。

議論は関係者の利害が異なるために一方的に決められない状況、あるいは内容が重要で失敗を避けたい状況にあるときに、目的を明確にする方法です。

たとえば、私が三洋電機にいたときのケースです。エアコン部門で課長を務めるEさんは、新製品の開発（目的）に向けて社内のメンバーを集めました。彼は、自社の強みを活かした製品の開発をめざしていました。しかし、チーム内では意見が分かれており、一部のメンバーは競合他社の製品と似た製品を開発すべきと主張し、ほかのメンバーは低価格製品をつくりたいと主張していました。メンバー各自の専門分野が異なっており、利益率、開発コスト、市場シェアなどに関する意見も食い違っていました。

Eさんはまず、全員が自由に意見を出し合える環境を整え、活発な議論を促しました。各メンバーの意見を尊重しつつ、データや市場調査結果を共有し、議論を深めていきました。結果として、中価格帯の市場をターゲットにし、自社の強みである静音設計の製品を開発するという共通の目的が設定されました。これにより、チーム全体が一丸となってプロジェクトを進めることが可能になったのです。

これは、新製品開発という目的を定めるために「議論」を行った例です。

以上のように、仕事の目的はさまざまですから、その難易度によって見定め方を選びます。目的を明確にできたら、その目的をつねに意識しながら合目的に仕事を進めますが、その最中に目的が不明確になったり迷いが出たりしたときには、再び明確化の作業を行うことが重要です。

仕事に熱中したときに、立ち止まって考える

仕事に取りかかるときには、がむしゃらに取り組むのではなく、優先順位を決めて効率的に進めることが大切です。

そして作業を進めるなかでは、つねにその仕事の目的を振り返り、作業が正しく目的に合っているかを確認することで、ロジカルに進められることになります。

とはいえ、人間には「作業興奮」という状態が発生します。それは何かの作業や思考に取り組むと、目的を忘れてそのことに没頭してしまうことです。この没頭することで集中して思考や作業ができるのですが、一方で目的を忘れてしまうことになりま

す。だから思考や作業の途中で「目的は何か」を確認する必要があります。

その確認のタイミングは、日常の仕事においては、自分が「仕事に熱中したな」と感じたときです。熱中していると、本来の目的を忘れて間違った方向に進んでしまう可能性があるので、そのときに確認します。私は資料を作成しているときには5分に1回ぐらい「これは、何のためだっけ?」と目的を確認します。

確認のタイミングは、今日中にすませる仕事、1週間をかけて行う仕事、1カ月で仕上げるプロジェクトなどで、それぞれ異なりますが、「熱中したとき」が1つのポイントです。熱中したと感じたときには、目的を外れてほかの方向に進んでいないか振り返って確認します。もちろん、仕事を仕上げる前、文書を提出する前にも合目的かを確認します。

これは1人で仕事をしているときだけでなく、会議で議論が白熱したとき、興奮したときなど、方向が外れている可能性がありますから、そのときにやりとりが合目的かどうかを確認します。

ビジネスパーソンのルーティンの仕事は数日単位のものが多いため、1日1回振り返れば、目的から外れていても修正できます。しかし、1日の振り返りでは間に合わない仕事もあります。厳しい納期設定の場合は1時間ごとに振り返らなくてはいけません。通常は1日1回5分でもいいので、自分が今日送ったメール、上司や取引先への報連相、会議での発言、あるいは開催しようとしている会議の目的がみんなに伝わったかなど、振り返ることが大切です。

振り返りは、頭の中で行えばすむこともありますが、気になる場合は実際に送ったメールを見直す、スケジュール表を見る、自分が参加した会議の会議録を読み直すなどして、目的を正しく意識して行動できたか、見過ごしていることがないかの振り返りを行うのがいいでしょう。

出社・退社の移動時間に、「昨日行った仕事の目的は合っていたか」「今日の業務の目的は何か」と考えることをおすすめします。とくに1日の仕事を終えたあとに、少し時間の余裕があるときに行うのが効果的です。

振り返る習慣をつける

私自身の体験では、「合目的かどうかを振り返る習慣」は20代後半に身につけました。目的に合っていない仕事はムダになってしまう、あるいは目的が明確ならよりよい手段が取れるとわかり、「合目的」を意識するようになったのです。

たとえば新人のころ、必要な書類をもたずに出張に行ってしまうことがありました。目的を考えたらもっていかなくてはいけない書類なのに忘れてしまうということは、出張の目的がわかっていないということです。「出張する」ということしか考えておらず、必要な書類の持参を忘れたのです。書類を忘れたことで出張先の打ち合わせがうまくいかず、上司や取引先からの信頼が薄れました。

それ以来、目的を考えなければよい仕事ができないし、目的があいまいだと必要なものを忘れることがあるので、目的を具体的に考えようと思ったのです。

部下をもつようになってからは、部下に対して毎日、目的の確認を行いました。10人ほどのメンバー全員に個々に声をかけて、「今日どうだった？」「明日にやることは？」と、5分ほどの立ち話で聞くのです。10人の部下なのでトータルで1時間もかかりません。毎日夕方の4時から始めて、「今日どうだった、明日何やるの？」と聞くだけで仕事がはかどるようになりました。

部下は、仕事時間中に、上司にどのように報告・連絡・相談をしようかと悩んでいることが多いものです。「申請をしなくてはいけないけれど、なんて言おうか」など悩んでいると10分くらい作業が止まったりします。それを、こちらから声をかけることを習慣にしていれば、部下は「課長が4時に来るから、そのときに話せばいい」と悩まなくなります。

「いつでも相談に来てよ」と言っても、部下はどう言おうか、いつ伝えようかと悩むので、毎日5分間こちらから話しかけました。それによって、個々の部下の仕事の進捗を知ると同時に、翌日の仕事の目的を明確にすることができました。

合目的を意識して自己成長をはかる

ビジネスパーソンとしての成長も「合目的」の観点から考えることができます。「成長」という目的に合わせて仕事をするのです。

私はビジネスパーソンとして早く成長したいと考えていました。早く花形の仕事をしたいと願っていました。

しかし、会社を引っ張るような花形の仕事は若いうちからは任せてもらえません。

そのときに考えたのは、みんなが嫌がる仕事なら若手にもチャンスを与えられるのではないかということでした。**みんなが嫌がりそうな仕事に手を挙げてチャレンジして、仮に失敗したとしてもそこから何かを学ぶことで自分の成長を促すという、「成長」に目的を合わせた考え方**です。

私は30代の初めに三洋電機の半導体事業部のヨーロッパ拠点長という立場になりましたが、一般に本社の部長級でなければ拠点長にはなれません。ところが、私は主任という二段階も三段階も下の立場で拠点長になれました。それは私が特別優秀だったからではありません。

2000年代の前半、三洋は売上が低迷し、社員のリストラを実施しなくてはなりませんでした。しかし、私が駐在していたヨーロッパ拠点のリストラなど面倒くさくて、誰もやりたがりません。そこで私が「リストラを担当させてください」と、ナンバー3の立場から手を挙げると、拠点長への昇格が認められたのです。リストラを責任をもって実行できるのは、拠点長だけです。

主任の立場では、新規プロジェクトや新しいマーケティングの展開など花形の仕事で手を挙げても絶対に任せてもらえません。しかし、リストラのような仕事は誰もやりたがらないため任されたのです。私は、それによってリーダー経験を積むことができました。

当時、三洋の半導体事業部はヨーロッパでは、ドイツのフランクフルトに拠点を置き、イギリス、フランス、デンマークに支店を展開していました。私はその拠点長という立場で、35人いた社員のうちの10人を対象としたリストラを担当しました。

10人のうち日本人は2人で、彼らは日本に帰ってもらうか、ヨーロッパの他の拠点に異動してもらうか、異動先を見つける仕事だったのであまり困難ではありませんでした。ほかの8人は現地採用だったので解雇という措置が必要でした。難しさは、誰を選ぶか、いかに説得するかでした。

解雇には2つのステップがあって、1つは労働組合の納得を得る調整で、ドイツの法律に基づいて承認をもらいます。もう1つは一人ひとりに納得してもらうこと。

対象者の選び方は有望度です。会社を小さくするなかで、有望度の低い人は残せません。しかし、やはり納得できずに訴える人が出ます。結果として裁判所に通うことになりましたが、基本的には調整裁判なので淡々と進みました。それまで一緒に働いた人との対人的なやりとりなので、思い通りに進まないこともありましたが、手続きを進めて半年以内には終わりました。

リストラという会社の目的があり、私はその役目を担って目的を達成するために淡々と仕事を進めていきました。ただし、目的が合っていればいい手段が取れるという理屈はあるものの、目的に合っていてもストレスが減るとはいえません。

組合との交渉で合意すれば話がスムーズに進むと思っていたら、組合の委員長から「合意しません」というメールが届いたときには胃腸が痛くなり2日間寝込みました。「あんなに話し合ったのに」と。

私はリストラ業務を終えたあと、さらに1年半ほどフランクフルトで拠点長を務めました。合計で2年間、責任者としての経験を積むことができました。27歳で経理マネジャーとして赴任して、5年目の32歳で海外拠点の責任者となったので、その任務を終えたときには34歳になっていました。

この経験によって当初の目的である自己研鑽《けんさん》、成長ができました。拠点長になって、大きな責任をもたされることで仕事の幅が広がり、ビジネスパーソンとして成長できました。

そのキャリアは、その後に日本に戻ってきてからも大いに役立ちました。まず転職に役に立ちました。事業再生を手がけていた経営共創基盤というコンサルティングファームに入ることができ、その後に移ったマブチモーターでもマネジメント経験が活きました。今の研修講師の仕事にも活きていますから、拠点長の仕事はお金では買えないような経験だったのです。

上のポストに就くという目的のために、正攻法ではなく、あえて誰もやりたがらない嫌われる仕事をやることで達成するルートもあります。合目的を意識すれば、通常とは異なる手段も見つかるのです。

若くても、「大きな仕事のチャンスが欲しい」「成長したい」という場合には、人が嫌がりそうな仕事にチャレンジすることが有効です。実際に当時30代前半の私は、「リーダーとしてもっと成長する」という目的をもっていたので、それに合致する仕事を任せてもらうことができたのです。

合目的を見失った会社は迷走する

ロジカル思考の欠如でもっとも損失を大きくするのが、合目的になっていないケースです。

私が勤めていた三洋電機の事例を紹介しましょう。ご存じのとおり、三洋は2000年代に経営が傾き、2011年にパナソニックの子会社になりました。

たとえば、製品開発では買い手を確認して、その目的に応じてつくるのが合目的なモノづくりですが、私が三洋のヨーロッパ拠点に勤務しているとき、日本の開発現場から「こういう製品ができたんだけど、ヨーロッパで売れないか?」という問い合わせがありました。

お客様は「必要なものが欲しい」わけですから、使う人をイメージせずにつくったモノは売れません。どんなに営業に力を入れても売れない製品もありました。三洋では、目的もなく製品をつくることがなかったとはいえません。

日本の開発現場で何があったかというと、監視カメラをコントロールする半導体ができました。無意味なモノをつくったわけではありませんが、「自分たちができそうだからつくる」ということが部品製造の世界にありました。研究者や技術者が顧客のニーズに合目的に仕事をしていないケースです。

目的は理想の状態を考えることで明確になります。製品の理想はお客様が便利に使っている状態です。それを知るためには当然ながら、お客様の利用状況をよく調べる必要があります。ですが、先ほどの事例は「先にモノができた」わけですから、お客様の状況確認は行われていません。思いつきや経験則、「前向きだからやろう」という精神論、抽象論でモノづくりが行われていたように感じます。

また、三洋全体において売上倍増というあいまいな目的のまま、事業の拡大が行われた時期があります。目的があいまいだと、手段が何でもありになってしまいます。ある地域に進出しようとか、ある事業に参入しようとか、進出や参入が目的となって、プロジェクトが進んでいました。進出や参入それ自体は悪いことではありません。ですが、それで競合に勝てるのか具体的に検討せずに、ビジネスへの投資が行われることがありました。結局、その後、投資が水ぶくれして回収できず、三洋は潰《つぶ》れたのだと思います。

なぜそうなったのか？　これは私の理解になりますが、日本企業が強かった70年代～80年代に若手だった人が、90年代、00年代に幹部となるなかで、「よかったころの感覚を忘れられずに、経験則で判断していた」のだと思います。

本来、冷静冷徹に分析し、議論して決めるべきことを、経験則で決めていたとした

ら、勝てるわけがありません。三洋の伸び伸びした社風は、儲《もう》かっているかぎりはいい文化ですが、合目的の面が緩かった。議論と分析をすべきところが甘かったのです。

手段の目的化を止める

問題は三洋だけではありません。

研修講師をしていると、企業や組織におけるさまざまな問題を知ることになります。病院や工場といった組織で研修することもあるのですが、そのときあった「手段の目的化」について事例をお話しします。

ある総合病院では患者が受付に来てから診察が終わるまでの時間が長いということが問題になっていました。朝、患者が病院に来て受付をしたあと、診察が終わるまで平均で90分間かかっていたのです。患者の満足度を重視するこの病院では、この時間をなんとか短くしたい、ということでプロジェクトが始まりました。

プロジェクトのなかで確認することは、受付がすんだあと、病院のなかではどのような作業が行われるのか？　患者が診察室に呼ばれてから入るまでの動きはどうか？

診察中の段取りはどうか？　などを確認して、減らせる時間があれば減らす、ということになります。ムダを見つけて無くしていくイメージです。そして、ムダが減ったのかどうかを確認するために、患者の受付時間と診察が終わった時間を記録、測定していきます。作業、移動、段取りのムダが減り結果として平均30分間の短縮ができました。もともと90分間だった平均の待ち時間は60分間となりました。ここまでは素晴らしい問題解決のプロジェクトです。

患者の待ち時間を減らすことは重要なことである、という認識が定着し、引き続き待ち時間の計測が行われていきました。とはいえ、減らせるムダは無くなっていて、これ以上、待ち時間を減らすのは難しい状況でした。それでも計測は続いており、病院のなかの人たちは平均待ち時間を減らすことを意識していました。毎週、病院のなかで平均待ち時間が発表され、朝礼で重要だと言われるからです。

とはいえ、患者がたくさん来るときもあれば、診察に時間がかかる患者もいます。そういうときは、病院の人たちががんばっても待ち時間が延びてしまいます。

結果、何が起きたかというと……。混んできたら受付を停止する、ということをやり始めました。

受付が停止されているから待合室には患者がたくさん待っていても、待ち時間に計測されないのです。もちろん、受付が停止している間、患者は不満を感じますが待ち時間の計測には影響が出ないので、その不満は無視されました。

また、診察の終了時刻は看護師が記録していましたが、その記録が3分、5分と前倒しで記録されるようになりました。たとえば診察終了時刻が10時23分なのに10時20分と書く、といった具合です。測定されている「待ち時間」を短くしたいという思いが、時間の記録を早めていたのです。

この病院で起きたことは手段の目的化です。待ち時間を減らすことは、あくまで手段です。待ち時間を減らすことの目的は、最初は患者の満足度を高めることでした。ところが、途中から待ち時間を減らすこと自体が目的となって、患者の満足度を無視したり犠牲にしてまで計測されている待ち時間を減らすことが行われるようになったのです。

待ち時間の削減プロジェクトの企画書には「目的は患者満足度の向上である」と書いてありました。しかし、それは病院で働いている現場の人たちには十分に伝わっていませんでした。正確にいうと、最初は伝えたけれどそれっきりだった、ということです。仕事中に目的を見失い、手段が目的化する事例でした。

✦善意によって目的が歪められる

別の事例もご紹介します。ある電子部品の工場で起きたことです。

その工場ではプリンターのなかの部品をつくっていました。家庭で使うプリンターのなかで、紙を送るために使う部品です。部品のサイズには精密な仕上がりが求められます。サイズが規格より小さすぎても大きすぎてもダメです。こういう規格の幅のことを公差といいます。

たとえば、ある部品の高さを１００㎜でつくるとき、＋−《プラスマイナス》１㎜までは許容する、となるのですが、この＋−１㎜が公差です。工場では１００㎜の高さに対して、＋−１㎜の公差のなかで生産が行われます。高さ99㎜から１０１㎜までは問題ないという意味です。そして公差を超えてしまえば不良品となり、不良品をつくれば工場にとって大きな損失が発生します。公差はお客様との約束でしたので、工場では部品のサイズが公差からはみだしていないか、１つずつサイズの測定をしています。

さて、あるとき生産数に対する不良品の割合が８％となりました。不良品の発生率としては極めて大きな数値です。これを減らす緊急対策が行われました。不良品の原因は新しく導入した設備の動きにありました。この動きを修正することで不良品の発生率は大きく減りました。それでも生産数に対して公差をはみだす不良品は2％、発生していました。もちろん、これも問題として取り上げられました。

しかし、工場でいくら検討しても対策が見つかりません。本社からは3カ月ごとの目標管理で、この不良率が指摘されます。あるときから、この不良率が0・2％になりました。2％から0・2％ですから、劇的な改善です。本社の目標管理に対しても達成したと報告されました。

では、この工場では何が起きたのか？　後で判明するのですが、工場の現場では公差を勝手に変更していました。＋－1㎜の公差を＋－1・5㎜に変更して測定していました。サイズの基準を勝手に大きくしたのです。

これまでの経験から、公差をこのくらい大きくしても問題ない、と判断したようです。ところが、お客様との約束である＋－1㎜を勝手に変えるのは契約違反になります。もともと、目的は「公差の範囲で部品をつくる」ことでした。ですが測定されている不良率を下げることが途中から目的となってしまい、「であれば基準である公差を変えればいい」という考えに至ってしまったのです。

工場が勝手に公差を変えたことで基準より大きい、あるいは小さい部品が出荷され、お客様の生産現場においても不具合が発生してしまいました。契約を勝手に変更したこともあり、金銭的な賠償トラブルにも発展しました。**工場で公差を勝手に変えたことに悪気はなかったのかもしれません。目標を達成したいという善意だったかもしれません。しかし、目的を見失うと、結果的に信頼を失い損失を発生させることにもつながりかねない**のです。

これらの例はめずらしい話ではなく、日本中の組織、現場で発生していると思います。手段の目的化は容易に起こるということです。手段が目的化すると勝手に測定方法や基準を変えるといったダメなやり方が取り入れられることにもつながります。

作業や仕事の途中や、あるいは期間を定めて毎月、半年、1年ごとに「この作業の目的は何か？　この仕事の目的は何か？」と問うてみること。そしていまやっている作業や仕事は本当に目的に合致しているのか、合目的であるのかを確認しましょう。

目的を考えたら別の手段が見えてくる

私がドイツで経理財務のマネジャーとして仕事を始めたときのことです。

イギリスのロンドンに支店がありました。この支店の経理財務も私の担当分野です。ロンドン支店の税金（法人税）は支店分の利益額に基づいて計算し、イギリスに納税する必要があります。その利益額の計算方法はとても複雑で、ロンドン支店の売上、在庫の動き、経費などをすべて管理して算出していました。

この複雑で難しい経理処理や管理の方法を最初、前任者から引き継いで実施しました。

よくわからないから言われたとおりにした、ということです。

これは決算のときに10日間くらいかかる作業でした。10日間かけてロンドン支店の利益額を計算して、それを会計事務所に報告すると税金の計算をしてもらえるので納税ができる、という流れです。

ところが、2年が経ったときのことです。

イギリスで納税するという目的を考えると、手段としてもっと簡単な方法を発見しました。それはコストプラスという方法なのですが、具体的にはロンドン支店の年間経費の10%を利益額として認識し、その利益額から税金を計算する方法です。年間経費を算出することは基本的な業務であり、追加の作業がありません。そして、年間経費の10%が利益額ですから簡単な計算です。

これを会計事務所に報告すれば税金の計算をしてもらえるので、納税ができます。10日間かかっていたロンドン支店の利益額の計算がゼロ日になったのです。要するに追加の作業がゼロで、目的であるイギリスでの納税ができるようになりました。

もともとあった複雑で難しい経理処理は私が駐在する前から10年以上、続いていたやり方です。最初の担当者は「このやり方が正しい」と思って始めたのだと思います。しかし、イギリスで納税するという目的を見失い、正確に計算することが目的化していました。引き継いだ人も同じように正確に計算することが目的になっていました。他に方法があるのにそれに気づかず「結果的には意味がない作業」を続けていたのです。

今やっている作業、仕事の目的を考えてみる。

次に目的に対して最適な手段は何か、網羅的に幅広く調べて考えてみる。

そうすることで、今やっていることを続ける、がんばるのではなく、新たなやり方、方法が見つかることがあります。

とくに**何年も続いている仕事、作業は目的に立ち返って「もっとよい方法はないか?」を問うてみてください。**

YESマンはロジカルなのか?

さて、最後に合目的に関して陥りがちな誤謬《ごびゅう》について考えてみたいと思います。
上司の意見や指示に「はい」「YES」だけで答えるYESマンがたまにいますね。上司を全肯定し、ヨイショする。
しかし、上司が期待する答えをするのですから、上司に対しては合目的でロジカルともいえます
しかし、本当にそれでよいのでしょうか。会社で働く目的は会社の利益拡大に貢献することです。上司はあくまでそのための管理者であり、絶対に正しいわけではあり

ません。だから会社の利益拡大にとって間違っているように見える意見や指示が上司から来たら、「ちょっと待ってください、少し確認させてください」と意見や質問をするのがロジカルな態度です。

もちろん、そのときには上司の感情に配慮した言い方やタイミングを考えることは重要です。

あなたを雇っているのは会社であって上司ではない。ですから、会社の目的に沿って考えるべきです。

そういう意味で、会社でハラスメントをする人はロジカルの対極にいる人です。あなたは仕事をしているときに、ハラスメントを受けたら、モチベーションが下がり、仕事のスピードが落ちるはずです。場合によっては、会社を休むことになったり、退職する可能性もあります。

どれも会社の利益拡大にとってマイナスでしょう。**ハラスメントは会社の目的という点から見ても、害悪でしかない**のです。

「合目的」のまとめ

- 目的とは未来のよりよい状態であり、理想、あるべき姿、ゴールである。
- 目的を明確にして実現することが仕事であり、自分の仕事が目的につながっているかをつねに確認しながら進めていく。
- 手段が目的化すると、「意味がないことを続けてしまう」「よりよい方法が見つからない」ということが発生する。

第 2 章

△□◯のパターンで全体を把握する

構造化

「構造」は建物のつくりや料理のレシピのようなもの

ロジカル思考の2つ目の要素は「構造化」です。

構造化とは中身の要素と要素間の関係性を明確にすることです。

構造化ができていないと、何が何だかよくわからない、何がわからないのかがわからない、ということになってしまいます。

構造とは建物でいえば何階建てで何部屋あるかということです。これがわからないとどのような建物なのかを理解する、それを伝える、ということが難しくなります。あるいは料理でいえばレシピが構造になります。レシピとは材料と調理方法のことです。レシピがなければ料理ができないように、構造化しなければ、ロジカルに仕事を進めることができません。材料と調理方法を明確にします。レシピなくして料理なし、構造なくしてロジカルなしです。

報告では、相手は、その報告の内容がいくつあるのか、何ステップに分かれているのかがわかったほうが受け取りやすくなります。また、報告する側も情報がいくつに分けられるか、何ステップあるかがわかっていたほうが内容を整理しやすくなります。伝えるべき内容の構造が明確になれば、それを最初に伝えることができます。たとえば、「お伝えしたいのは1点です。その理由は2つです」といった具合です。

仕事においては、いくつの工程に分けられるかを考えて、その順序を決めて進めていくことで効率的に作業を進めることができます。

そのために、全体の構造を明確にします。

構造化のために「分解」「分類」する

構造化を行う手法は「分解」と「分類」です。

「分解」とは1つの情報を複数の要素に分けることです。

たとえば、あなたが企画会議を開催するときには、「企画会議を開催する」という目的を達成するために、「目的を決める」「日時を決める」「場所を決める」「メンバーを決める」「必要な準備物を決める」の5つの作業に分解します。

このように、対象物の内容を理解し、具体的な対応を考えるときに使います。一見、難しそうなテーマであっても分解することで、やるべきことが見えてきます。

一方で**「分類」とは、複数の情報があるときに共通点でまとめてグループ化すること**です。たくさんの情報を整理し、全体像を把握しやすくします。

スーパーマーケットの売り場を思い浮かべてみてください。売られている多数の商品は、共通点でまとめると次のように分類できます。

- 食品（お米、野菜、果物、肉、魚、乾物、調味料など）
- 日用品（洗剤、歯磨き粉、シャンプー、キッチン用品など）
- 飲料（ジュース、水、お酒など）

このように、複数の情報を整理して、わかりやすくできます。分類は、複数の情報を体系的に整理できるため、全体像を理解したり、次のステップを考える基盤をつくったりするときに行います。仕事の構造化は「分解」と「分類」という手法を頭に置いて行います。それには次の3つの方法があります。

①目的の達成に何が必要かを考える（目的達成のために必要な事項が構造の柱となる）。
②「三角形」「四角形」「マル」の3パターンにあてはめてみる。
③分けて整理すれば構造になる。

一つひとつを詳しく見ていきましょう。

三角構造で論点を明確にする

まずは、①目的を達成するために何が必要かを考えます。

目的を達成するために必要な要素を「論点」といいます。論点とは目的を達成するために考えるべきことであり、目的達成のために知りたいこと・決めたいことです。

身近な例で考えてみましょう。

「スマホを選ぶ」という目的があるとします。多くの機種のなかから1つを選ぶという目的を達成するために、その論点を考えなければなりません。そんなときに使えるのが三角形を使った構造化です。

図4　目的に対して、論点を三角構造で考える

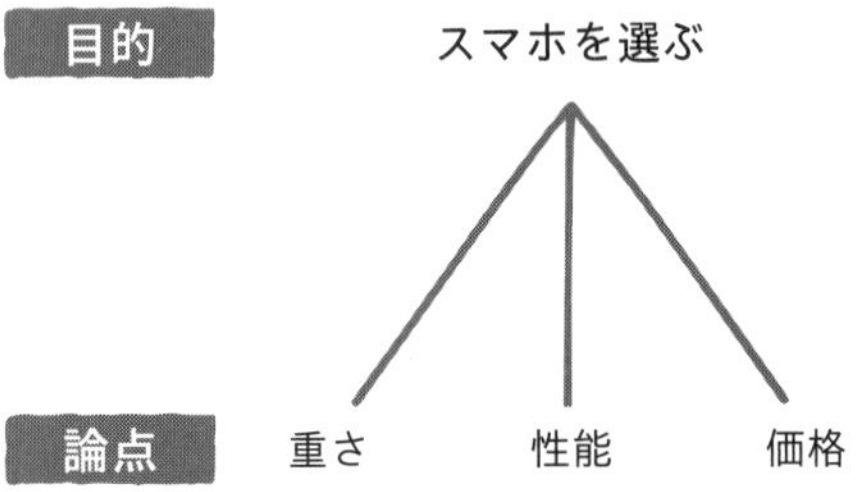

論点は３つと限ったわけではなく、
２つでも４つでも５つでも構わない。
ただし論点が多すぎると、
結論を出すまでが複雑化してしまうので注意したい。

頭に「スマホを選ぶ」という目的を置き、その際に必要な論点を下に並べています。たとえば、「重さ」「性能」「価格」の3つを挙げることができます。するとそこから、「軽い」「高性能」「安価」の3要素のバランスのとれた機種を選ぶことができます（図4）。

三角構造はとても便利で、要点の整理やまとめなど、さまざまな使い方ができます。三角構造はロジックツリーの上位の2層ととらえることができます。三角形の頂点から複数の要素を結びつけます。

三角構造を使った構造化の例をいくつか紹介しましょう。以下は要素を3つ挙げています（3つに構造化しています）が、要素は4つでも5つでもかまいません（図5）。

図5 三角形を使った構造化の基本パターン

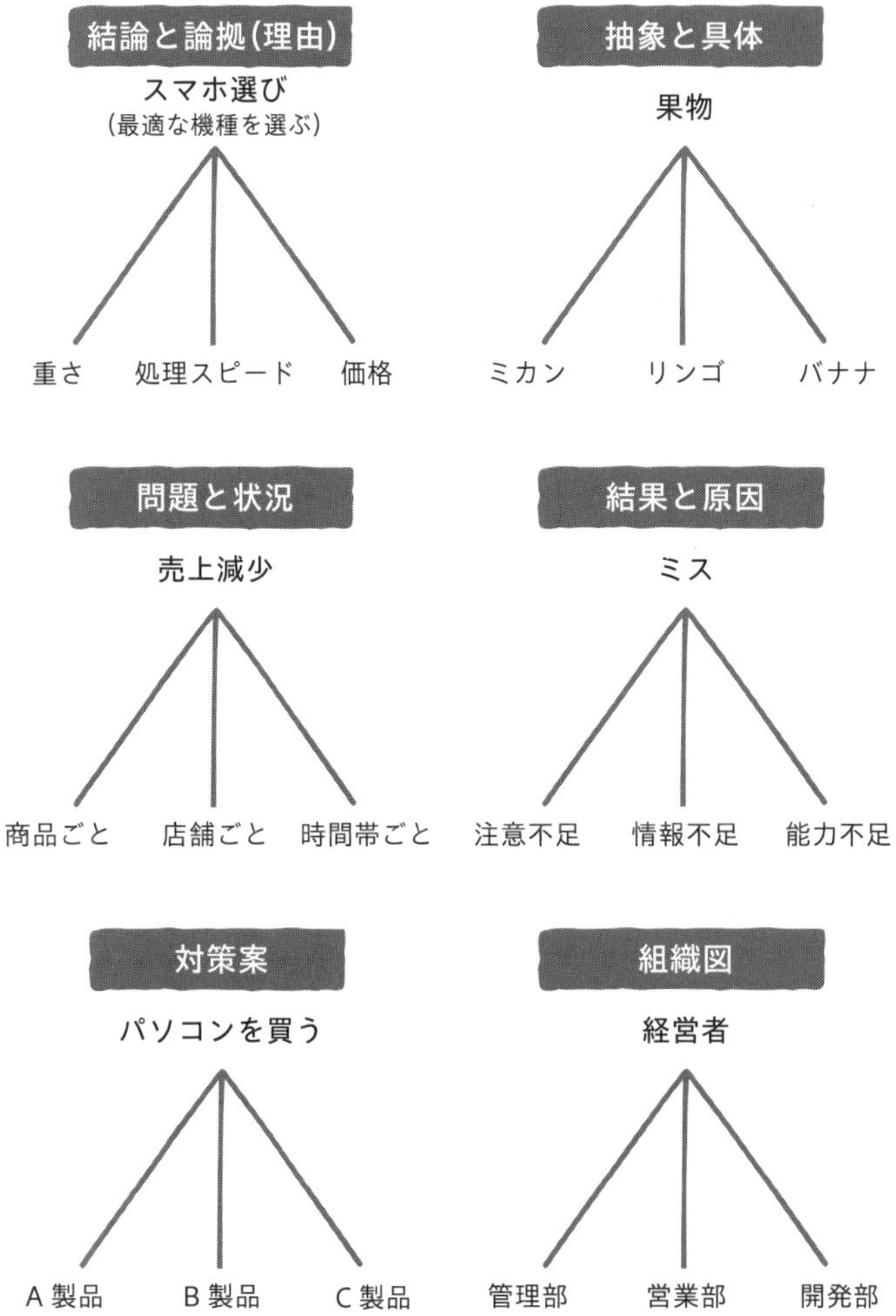

「結論」と「論拠（理由）」で構造化する

結論を導くための理由を複数考えます。これは先述した「スマホ選び」のケースが当てはまります。「重さ」「処理スピード」「価格」などの要素で構造化することができます。これらの要素（理由）でいくつかの機種を比較検討すれば、適切なスマホを選ぶことができます。

「抽象」と「具体」で構造化する

抽象を具体化する方法です。たとえば、「果物」という抽象は、「ミカン」「リンゴ」「バナナ」などの具体的なものに構造化できます。

「問題」と「状況」で構造化する

問題に関してその状況を考えます。たとえば、「売上減少」という問題は、「商品ごと」「店舗ごと」「時間帯ごと」などという状況に構造化できます。

「結果」と「原因」で構造化する

結果に対してその原因を考えます。たとえば、「ミス」という結果は、「注意不足」「情報不足」「能力不足」などという原因に構造化できます。

対策案を構造化する

たとえば、パソコンを買うという目的を頂点として、複数の「製品」を比較検討するときに「A製品」「B製品」「C製品」と並べて構造化します。

組織図で構造化する

たとえば、会社組織は、「経営者」を頂点に置いて、「管理部」「営業部」「開発部」などという部門で構造化できます。

「三角形」で構造化するときの留意点

構造化を行うときに留意する点は、構造となる要素の種類・階層を揃《そろ》えることです

図6　情報の種類をそろえないと構造化できない

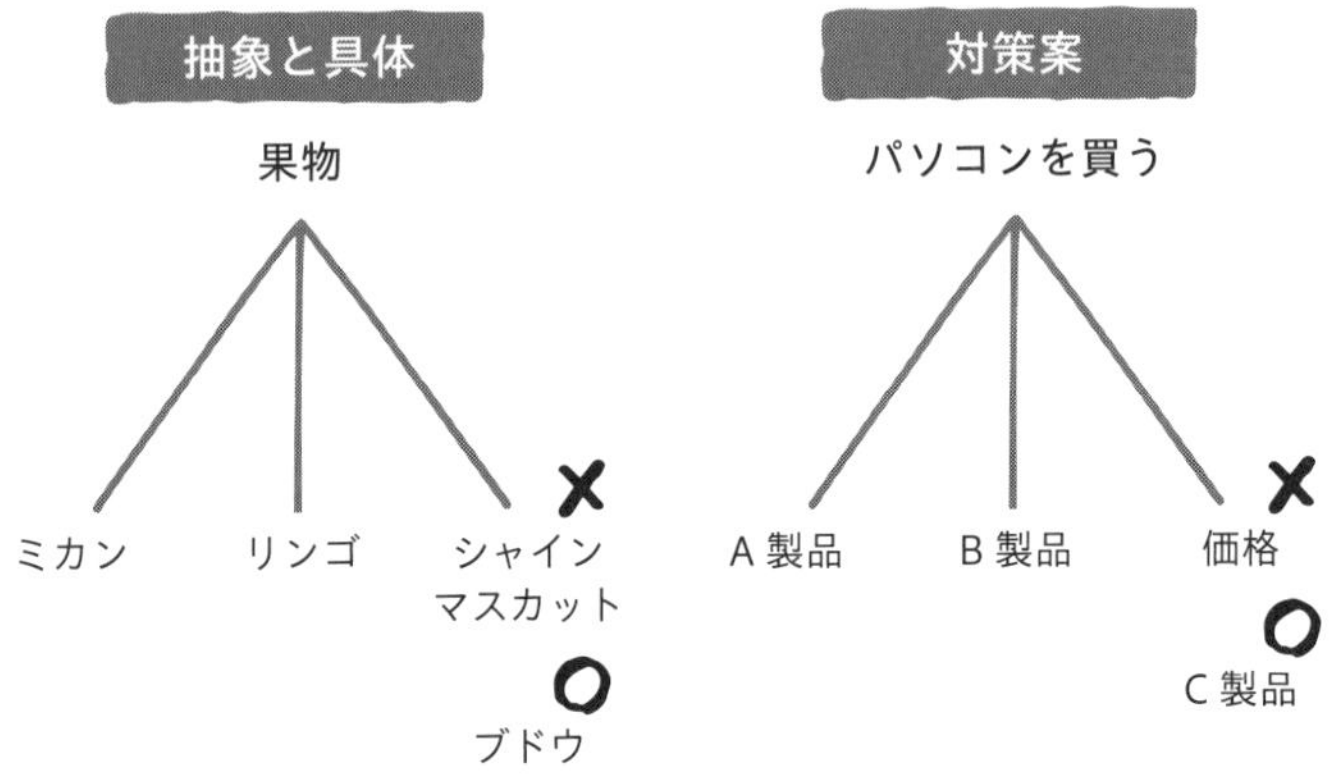

情報の種類は粒度、ツブ感、レベル感、サイズ感などとも呼ばれており、
それらを同列の整えることで、明確な構造をイメージできる。

（図6）。

たとえば、「抽象と具体」の三角形で、抽象に「果物」を置いたとき、具体として、その要素を「ミカン」「リンゴ」「シャインマスカット」とすると構造がおかしくなります。ミカンとリンゴは果物の種類ですが、シャインマスカットは「ブドウ」の品種なので、階層が異なります。

また、「パソコンを買う」という目的において「A製品」「B製品」「C製品」を比較対象のために構造化できますが、「A製品」「B製品」「価格」とすることは同じく構造としておかしいです。「A製品」「B製品」は製品候補ですが、「価格」は評価項目であるからです。

このように、**要素の種類・階層を揃えなければ、明確な構造とはいえません。**この点は構造化においてもっとも重要な点です。

正しく構造化できなければ、ロジカルとはいえないのです。

「四角形」で構造化する

「四角形」を使って構造化を行う方法もあります。そのツールの1つが「表」です。タテとヨコに項目を置いた表は、まさしく四角形を用いて、対象を構造化したものです（図7）。

縦軸と横軸で構造をつくります。仕事で使う表には、スケジュール表、作業工程表、在庫管理表などがあります。テーマの分析対象となる「要素」を縦軸と横軸に項目として設定します。スケジュール表や作業工程表では、タテに作業、ヨコに作業を実施する日付を、在庫管理表では、タテに商品名、ヨコに在庫数を設定します。

図7　四角形を使った構造化の基本パターン

各支店のサービスごとの売上データ　例

		サービス名				合計
		Aサービス	Bサービス	Cサービス	Dサービス	
支店名	大宮支店	¥200,000	¥500,000	¥1,200,000	¥250,000	¥2,150,000
	宇都宮支店	¥600,000	¥500,000	¥900,000	¥700,000	¥2,700,000
	高崎支店	¥1,200,000	¥600,000	¥300,000	¥900,000	¥3,000,000
	水戸支店	¥400,000	¥400,000	¥1,600,000	¥1,500,000	¥3,900,000

意識している人は少ないかもしれないが、普段EXCELを使ってつくっている表が、まさに四角形での構造化といえる。ビジネスの基本だが、相手が表の意図を一目でキャッチしてくれるようにつくるのは意外と難しい。また、どんな情報が表にすると見やすく、あるいは見えにくいのか、仕事の実践の中で感覚をつかんでいきたい。

たとえば、「売上実績」を見るときに、タテに「支店」を数店設定し、ヨコに「サービス名」を設定すると、宇都宮支店のサービスごとの売上を見ることも、Cサービスの支店別の売上を見ることもできます。これくらいの表であれば、みなさんエクセルでつくっていることなので基本中の基本ですね。

さらに四角形の応用として、フローチャート（流れ図）があります。仕事の流れや作業の手順を示すフローチャートをつくることは、構造化するときの1つの方法です。時間軸によって作業を構造化します。仕

図8　表だけではなく、フローチャートも四角形の構造化の仲間

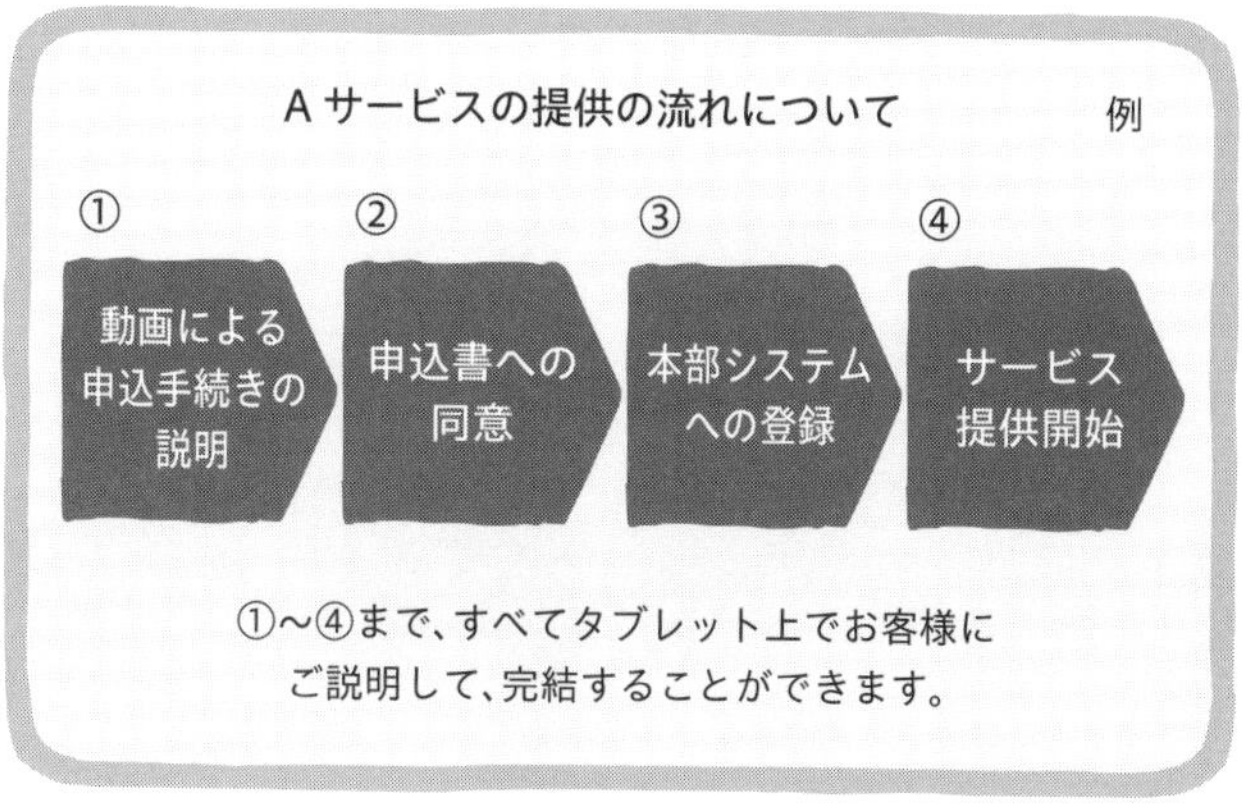

事の流れを考えて、それぞれの仕事を横に並べます。

たとえば、Aサービス提供の流れは、①動画による申込手続きの説明、②申込書への同意、③本部システムへの登録、④サービス提供開始と構造化できます（図8）。

「マル」を構造化に応用する

「マル」を使って構造化することもできます。

ぐるぐる回る、循環するものはマルで表現します。

たとえば、PDCAサイクルを使って、

図9　マルを使った構造化の基本パターン

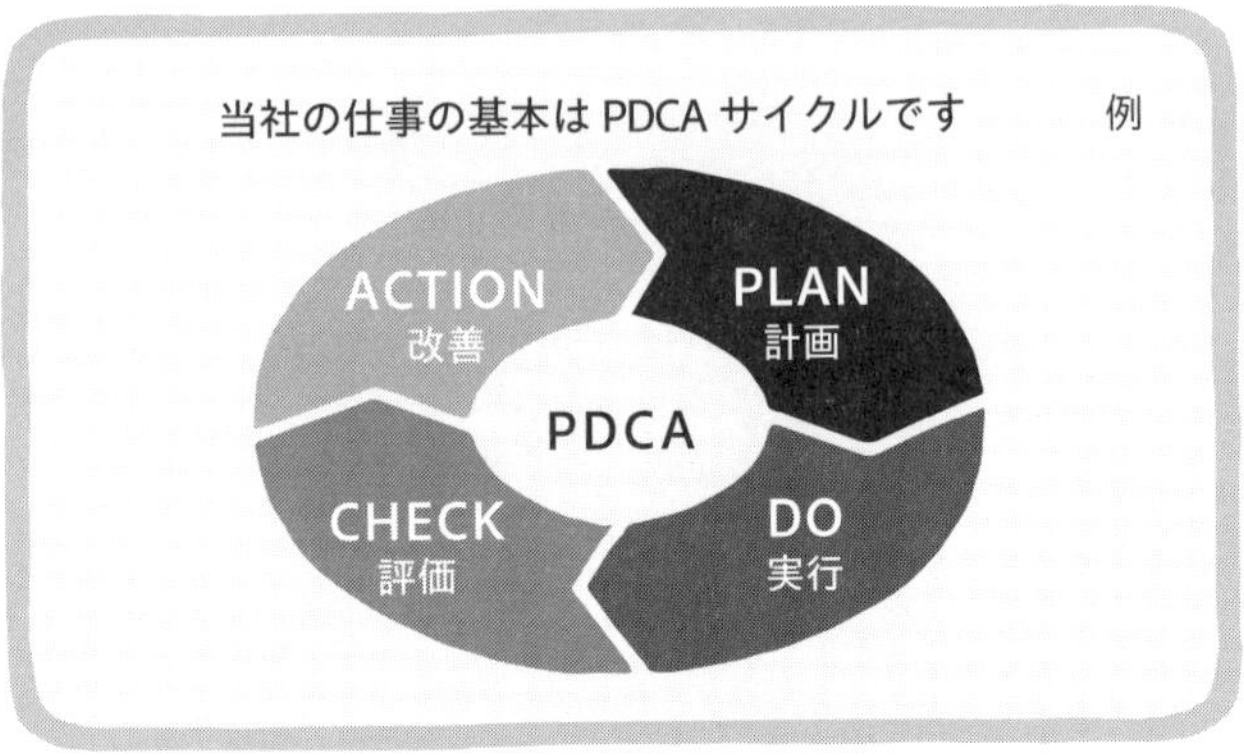

マルを使った構造化といえばPDCA。業務プロセスをミスなく円滑に進めるための4つのステップ。PDCAサイクル以外にも、循環型の流れを生むプロセスはマルで表現しやすい。リピーター客を手放さないための循環プロセスや、SDGsにおける循環型社会、1日の時間割などでも表現される。

仕事を「計画」「実行」「振り返り」「次へつなぐ」と構造化することができます（図9）。

循環するものにはエコサイクルなどがありますが、ビジネスモデルをつくるときにも応用されます。

たとえば、A社の商品を買うとポイントが付与され、そのポイントを貯《た》めてA社の商品と交換をする。そのときにまたポイントが付くので、そのポイントをもとに、さらにA社の商品を買ってポイントを貯めていくという循環です。

構造化の基本は分けて整理すること

構造化とはわかりやすくいえば、分けて整理することです。物事の要素をAとBのように分けて考えることは、構造化の基本形ともいえます。

いくつか具体例を挙げて紹介しましょう。

たとえば、「売上を伸ばすにはどうすればいいか」と考えるとき、「売上」を「単価」と「数量」に分けて現状を把握します。商品の売上は単価×数量ですから、「売上」を「単価」と「数量」に構造化して考えるわけです。売上を伸ばすために「単価」を引き上げるか、「数量」を増やすか、それらを考えるのです。

「残業を減らすにはどうすればいいか」と考えるときには、「仕事量」と「作業効率」に分けて現状を把握することができます。それによって「仕事量が人員に対して多すぎる」「作業効率が悪い」など、残業の要因を発見することができます。このような構造化によってロジカルな検討を進めるわけです。

抽象的な事柄も分けて考えることができます。

「分解」の例にも挙げましたが、「効果的に仕事をするにはどうしたらいいのか」を考えるときに、状況に視点を置いてみます。**状況は「変えられるもの」「変えられないもの」に分けることができます。**

すると、「変えられるもの」を変える努力をする、「変えられないもの」を変えようとすることをやめるという考え方が生まれます。「変えられないもの」を変えようと努力することはムダだからです。こうして、するべき仕事を絞り込むことができます。

仕事への取り組み方についても、「他人は変えることができない」「自分は変えることができる」と分ければ、「他人を変えようとしない。自分を変える」という考えに至ります。それによって効果的な仕事のやり方が見えてきます。

たとえば、以前の私はメンバーの態度が前向きでないことに悩んでいました。ある職場で課長を務めていたときのことです。

9人いるメンバーたちに対して、どうしたら彼らのモチベーションを上げられるのか。もっと積極的な発言を引き出すにはどうしたらいいのか。そうやって彼らに対して不満を感じていました。

しかし、この状況で「メンバーのことは変えられない」「変えられるのは自分だ」

と整理をしてみました。悩んでいたときは、「変えられないこと」と「変えられること」が混じっていました。

では、メンバーではなく自分を変えるにはどうしたらよいのか。まず目的に立ち返りました。メンバーの態度を変えたい目的は、「担当の仕事をスムーズに進めてほしいから」です。であれば、メンバーの担当する仕事がスムーズに進めばいい。そのために自分自身を変えればいい。

それでやったことが、第1章で紹介した声がけです。毎日、夕方にメンバーに1人5分ずつ、「今日は何があった？」「何がわかった？」「明日はどうするつもり？」などと声をかけました。

この声がけにより、メンバーはさまざまな情報を私にくれるようになりました。そのやりとりのなかで、私も適切なアドバイスをすることができました。結果、メンバーたちの仕事がスムーズに進むようになったのです。

目的に対して構造を考える。変えられないものと変えられるものを区別してみたことで、よりよい結果を手に入れることができました。

さらに、構造化の応用例を見てみましょう。

目的を「ロジカル思考で成果を出す」と置きます。まさしく本書のテーマに関連することですが、この場合は**仕事を、「ロジカルにすべき仕事」と「ロジカルにすべきでない仕事」に分けます。**

「ロジカルにすべき仕事」には、会議資料の準備、情報を伝達するためのメール作成、報告書の作成、忙しい相手への簡潔な説明などがあります。一方の「ロジカルにすべきでない仕事」には、考えるより手を動かすべき作業、たとえばすぐに謝罪などが必要な状況といった、相手がロジカルな手続きを求めていない場面などがあります。

これはまず合目的で考えればわかります。

目的を達成するために「ロジカルにすべき仕事」と「ロジカルにすべきではない（ロジカルが必要のない）仕事」であるかを判断するのです。こうすることで、ロジカル思考を確実に成果につなげることができます。

これまで説明した構造化の事例は、どれもあなたが真似て使えばすぐに情報をわかりやすく整理できます。構造化は自分で考えることも大切ですが、他人の資料を見て「いいな」と思った構造化は真似て取り入れてみることをおすすめします。ゼロから考える必要はないのです。

「構造化」のまとめ

●目的に対してどのような構造がよいのかを考えることが構造化の出発点。

●目的を実現するために知りたいこと、決めたいこと論点といい、論点で構造を決めていく。

●構造化では「三角形」を基本として「四角形」「マル」などのイメージを活用する。

●AとBのように、単純に分けるだけでも構造化ができる。

●ゼロから考えるよりもよいパターンを真似るほうが手早く構造化できることも多い。

第3章

「それ、理由になってないよ」と言われないために

論拠

なぜ、この結論が正しいといえるのか

ロジカル思考の3つ目の要素は「論拠」です。平易に言えば「理由」です。理由がなければ、あるいは理由が不適切であれば人は納得しません。上司が納得しなければ、仕事をスムーズに進めることができません。

物事に取り組むときには、「これが正しいといえる」ための適切な論拠（理由）が必要です。

仕事においては明快な論拠がなければ、チームを率いることも、取引先を納得させることもできません。

ロジカル思考においては、「論点」（知りたいこと・決めたいこと）に対する「結論」を導くために、「論拠」「根拠」「証拠」が必要となります。

「結論」とは論点に対する答えです。意見・判断・提案などのかたちをとります。「論拠」は結論を支える背景・考え方です。「根拠」は論拠を支える事実です。論拠と根拠は似ていますが、論拠は考え方であり、根拠はそれを支える事実としてのデータ

図10　論点・結論を導くまでの論拠・根拠・証拠との関係と構造

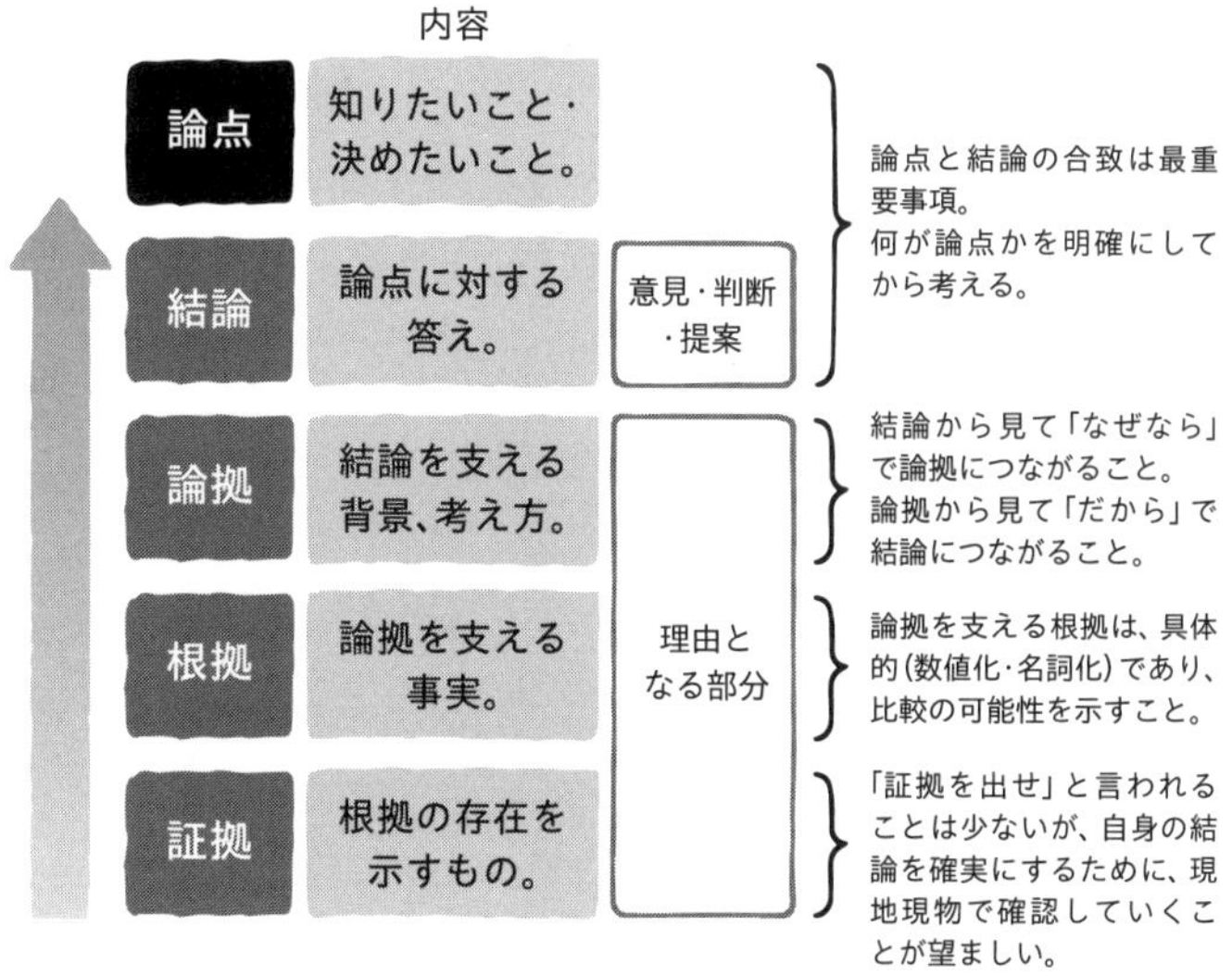
内容
論点
知りたいこと・
決めたいこと。
結論
論点に対する
答え。
意見・判断
・提案
論拠
結論を支える
背景、考え方。
根拠
論拠を支える
事実。
理由と
なる部分
証拠
根拠の存在を
示すもの。
論点と結論の合致は最重要事項。
何が論点かを明確にしてから考える。
結論から見て「なぜなら」で論拠につながること。
論拠から見て「だから」で結論につながること。
論拠を支える根拠は、具体的（数値化・名詞化）であり、比較の可能性を示すこと。
「証拠を出せ」と言われることは少ないが、自身の結論を確実にするために、現地現物で確認していくことが望ましい。

や状況です。そして、「証拠」とは根拠の存在を示すものです。一般的には根拠と証拠を合わせたものがエビデンスと呼ばれています。「論拠」を「証拠」と「根拠」が支えます（図10）。

それぞれの意味は、下から漢字を説明するとわかりやすいかもしれません。

証拠は証（あかし）の拠《よ》りどころ、根拠は根っこの拠りどころ、論拠は論（考え）の拠りどころ、結論は考えを結ぶ（まとめる）こと、論点は考えるべき点です。

答えに対して論拠が整っているか、理由は適切か

論拠を根拠と証拠がしっかりと支えていて、結論に対する理由として成立している状態が「論拠が整っている状態」です。

ここでは「論点」から「証拠」までのつながりを、身近な例で解説しましょう。「来月、東京駅近くの八重洲《やえす》口で、友だちと2人で夜に会って近況を話す」という目的があったとします。論点は、「東京駅の八重洲口近辺で、気軽に行ける飲食店はどこか」です。結論・論拠・根拠・証拠を考えてみましょう（図11）。

あなたは、八重洲口にある居酒屋をインターネットで検索してみます。そのなかに「居酒屋Y」がありました。居酒屋Yは「生ビール1杯が290円」です。他店と比べてみると、「通常は生ビール1杯が安くても380円」なので、居酒屋Yが格段に安かったのです。そこであなたは友だちに「居酒屋Y」で会うことを提案しました。

結論・論拠・根拠・証拠で説明すると、結論は「居酒屋Yがおすすめ」。その論拠

図11　結論を伝えるまでのイメージ

目的：来月、東京駅の八重洲口近辺で
友だちと2人で夜に会って近況を話す。

	内容	例
論点	知りたいこと・決めたいこと。	東京駅の八重洲口で、気軽に行ける飲食店はどこか。
結論	論点に対する答え。	居酒屋Yがおすすめ。
論拠	結論を支える背景、考え方。	安いから。
根拠	論拠を支える事実。	生ビール1杯290円。普通は安くても380円のはず。
証拠	根拠の存在を示すもの。	お店のWEBページに載ってるから見て。

は「安いから」。根拠は「生ビール1杯が通常は安くても380円のところ、Yでは290円」だから。証拠は「お店のWEBページの表示」です。

あなたと友人の会話はこうなります。

あなたが友だちに「居酒屋Yがおすすめだよ」と結論を伝えると、友だちが「どうして?」と聞きます。それに対して「安いから」と論拠を示すと、友だちは「どのくらい?」と聞きます。それに対して「通常は生ビール1杯が安くても380円だけど、Yは

290円なんだ」と根拠を言います。さらに友だちは「本当？　どこで知ったの？」と聞きますから、あなたは「お店のWEBページに表示してあったんだ」と証拠を示します。こうすれば友だちは納得するでしょう。

つまり**論拠が整っている状態とは、結論を論拠が支え、論拠を根拠と証拠が支えている状態のこと**です。

この例でわかるとおり、論拠・根拠・証拠はひとまとめに理由ということができます。逆にいえば、理由には論拠・根拠・証拠が必要なのです。理由には3つの階層があり、明確な根拠・証拠がなければ論拠は成り立ちません。

根拠の適切さで構造の強さが決まる

理由は論拠、根拠、証拠で構成されます。それぞれを見てみましょう。

根拠は論拠を支える数字や事実です。論拠を支える根拠は、具体的（数値化・名詞化）であり、比較が可能なものです。先の例では、「安いから」という論拠を支える根拠は「生ビール1杯が普通は安くても380円なのに290円」でした。

論拠を支えるには、根拠を数値化、名詞化して比較する必要があります。数字や名詞が示されない場合、形容詞や副詞を使った表現ではよい論拠になりません。形容詞とは「高い・安い」「多い・少ない」、副詞とは「とても」「かなり」「すごい」「いつも」などです。こういう漠然とした表現だけで理由を説明されると、なんとなくわかるけれどどういうことだろう、と相手から思われてしまいます。ですから論拠には根拠が必要です。

また、具体的事実を並べるだけでは判断できません。比較によって初めて良し悪しがわかりますから根拠を述べるときには比較が必要です。対平均、対前年、対競合などと比較をします。

仕事の事例で、目的・論点・結論・論拠・根拠・証拠を説明しましょう。目的に対して論点を設定し、その後さまざまな情報を収集し、論点に合致した結論を導きます。その結論が正しいかどうかを、論拠・根拠・証拠を整えることによって確認します。その例をご覧ください。

✦事例1

「若年層に向けた新製品の市場投入を成功させる」という目的に対して、「効果的なマーケティング戦略は何か？」という論点を設定しました。その結果、「ソーシャルメディア広告を活用するべき」という結論が導き出されました。その理由は次のとおりです。

論拠：ターゲット層への効率的なリーチが可能だから。

根拠：20～30代のSNS利用率は90％以上で、テレビ広告よりも接触頻度が高い。

証拠：市場調査レポートにより、SNS利用率のデータが示されている。

✦事例2

目的は「プロジェクトの納期を守る」です。その論点は「進捗管理をどう改善するか？」です。結論として「プロジェクト管理ツールXを導入する」が導かれました。その理由は次のとおりです。

論拠：タスクの可視化とチーム間の連携が強化されるから。

根拠：ツールX導入企業では、納期遵守率が85%から95%に向上している。
証拠：導入企業の数値向上事例が存在する。

✦事例3

「業務を効率化して生産性を向上させる」という目的を達成するために、「どの業務プロセスを見直すべきか？」を設定しました。そこから、「定例会議の頻度を週2回から週1回に減らす」という結論が出ました。その理由は次のとおりです。

論拠：会議時間を削減することで、作業時間を増やせるから。
根拠：会議削減により、年間で約200時間の追加作業時間を確保できる。
証拠：社内の時間管理データが存在する。

✦事例4

「顧客満足度を向上させる」という目的に対して、「サービス品質をどう改善するか？」という論点を設定しました。結論は「カスタマーサポートの対応時間を短縮する」です。その理由は次のとおりです。

論拠：迅速な対応が顧客の信頼を高めるから。
根拠：対応時間を平均24時間から12時間に短縮することで、満足度が20％向上した。
証拠：顧客アンケート結果と対応時間の記録が存在する。

✦事例5

「人材の定着率を高める」という目的に対して、「働きやすい環境をどう整えるか？」という論点を設定しました。結論は「リモートワーク制度を正式に導入する」です。その理由は次のとおりです。
論拠：柔軟な働き方がワークライフバランスを改善するから。
根拠：リモートワーク導入後、離職率が15％から10％に減少した。
証拠：人事関連の雑誌に離職率データが存在する。

✦事例6

「住みやすい町づくりで地域活性化をはかる」という目的に対して、「空き家をどう活用すべきか？」という論点が設定されました。その結論は「リノベーションして賃貸物件として提供する」です。その理由は次のとおりです。

論拠：住環境を改善し、需要を満たせるから。

根拠：リノベーションした住宅は賃貸需要が高く、空室率が5％以下で推移している。

証拠：不動産市場の統計データが存在する。

✦事例7

「社員の離職率を低下させる」という目的に対して、「離職率低下のために何を改善すべきか？」を論点としました。導き出された結論は「フレックスタイム制度を導入する」です。その理由は次のとおりです。

論拠：働き方の柔軟性が社員満足度を高めるから。

根拠：社員アンケートで85％が柔軟な勤務時間を希望し、離職意向が低下した。

証拠：昨年度の社内アンケート結果が存在する。

✦事例8

「新入社員の早期戦力化をめざす」という目的に対して、「研修プログラムをどう設計すべきか？」という論点を設定しました。その結論は「メンター制度を導入する」です。その理由は次のとおりです。

論拠：個別指導によりスキル習得が促進されるから。
根拠：メンター制度導入後、研修期間が平均6カ月から4カ月に短縮された。
証拠：人事業界の雑誌において研修プログラムの成果報告書が存在する。

✦事例9

「不動産販売の売上を拡大する」という目的に対して、「販売戦略をどう強化すべきか？」という論点が設定されました。結論は「オンライン内覧システムを導入する」です。その理由は次のとおりです。

論拠：遠方の顧客にも物件を効果的に紹介できるから。
根拠：オンライン内覧の導入で、問い合わせ件数が30％増加した。
証拠：社内に営業部の問い合わせ件数データが存在する。

✦事例10

「社内コミュニケーションを円滑にする」という目的に対して、「どのようなツールを導入すべきか？」という論点を設定した結果、「チャットツールXを導入する」という結論が導き出されました。その理由は次のとおりです。

論拠：リアルタイムで情報共有が可能になるから。

根拠：試験導入により、情報伝達時間が平均30分から15分に短縮された。

証拠：情報システム部に試験導入の評価レポートが存在する。

ご覧になってわかるように、すべての事例の「根拠」に数字が入っています。「論拠」は具体的で実証的な数字で支えることによって強固になるのです。そしてその数字は平均との比較や短縮、増加、低下といった現状との比較で表現されています。「根拠においては数字を用いる」「比較を行う」という2点が重要です。

証拠が崩れると構造の柱が倒れる

証拠は根拠の存在を示すものです。先の居酒屋の例では証拠は「お店のWEBページの表示」でした。

仕事において、上司から証拠を求められることは少ないかもしれません。それは多くの場合、あなたに一定の信用があるから根拠を示すだけで納得してもらえるからです。何かトラブルが起きたときなどに、取引先やユーザーから厳密に証拠を求められることもあるでしょう。いざ証拠の明示を求められたときのため、**現地・現物で実態を確認しておきましょう。自ら足を運んで「根拠の実態はどうなっているのか？」を確認するのです。その実態が証拠になります。**

実態がわかっていない根拠とは、会議で聞いただけ、メールで読んだだけ、資料で見ただけ、という根拠のことです。

✦自分の目で確認しよう

実際にあった例で説明します。

化学関連の商社で働くGさんは、仕入れ先のプラスチックメーカーから「出荷は問題ない」と連絡を受けて安心していました。新製品であるプラスチック部品の納期が遅れそうという話でしたが、もう大丈夫だということです。実際にメーカーから生産や在庫の量をメールで確認し「これなら納期は守れる」と思っていました。

しかし、納期が近づいてくるとメーカーから「出荷を1週間、延ばせないか」という相談が来ました。生産も在庫も問題ないはずと思っていたGさんは、状況を確認するためにメーカーの工場を訪問しました。そこで見たのは「出荷の基準を満たさない不良在庫」の山でした。確かに生産は行われていて在庫もありますが、不良品が20%ほど発生したので解決するまで納期どおりの出荷は無理だと言われました。メールで送ってもらったときの生産や在庫のデータでは、不良品の発生が見えなかったのです。

「こんなことなら最初に納期が遅れそうと聞いたときに、工場を訪問して生産と在庫の現場を見ておけばよかった……」と悔やみましたが、いまさらどうにもなりません。

Gさんは自分のお客さんである家電メーカーから納期遅延で怒られ、信頼をなくしてしまうこととなりました。

言われた言葉は「ちゃんと現場を見ないで安心していたのかよ！」です。見たデータだけで判断すると、あとで違っていたということになりかねません。

データはあったけど、あとでそれが古いと判明して使い物にならなかった。会議で根拠となる数字を聞いていたが、それは後で調べたら間違っていた。基準を満たすと思ったけど、訪問してみたら実態はボロボロでとても使えそうにない。

こうしたことにならないように、重要な場面では証拠となる実態を自らの目で確認しましょう。


また、証拠としてインターネットで得た情報を挙げる場合、ネットには誤情報やフェイクニュースもありますから、その情報の正確性を確認し、出典・出所を明示することも必要です。

そして、適切な論拠（理由）ということでは、相手によって論拠を使い分ける必要や場合があります。

たとえば、お客様に商品をおすすめしたとき、Aさんに対しては「他社の製品より価格が安いから」という説明が伝わって受注となりました。Bさんに対しては「最新の技術が使われています」という説明によって受注となりました。

これはどういうことでしょうか。

「人は論拠で納得する」という言葉があります。

おすすめする商品は同じなのですが、Aさんがそれを納得する論拠は価格であり、Bさんは最新技術であるということです。

このように、論拠によって人は納得しますし、逆に論拠によっては納得しないこともあります。ですから、論拠を選ぶことは重要です。どの論拠なら相手は受け入れてくれるのか？　相手の判断基準に立ち返って考えてみましょう。それは一律ではないはずです。

「論拠」のまとめ

- ロジカル思考では構造を正しく支える必要があり、そのためには正しい論拠が求められる。

●日常業務において、ロジカル思考をもっとも活用する機会が多いのが、結論（意見・判断・提案など）を伝えるときで、そのとき論拠が重要になる。

●つねに、目的、論点、結論、論拠、根拠、証拠の構造を意識して業務に取り組む。

第4章

構造に欠陥を出さないために要素を集める

網羅

情報に漏れや重複がないか

ロジカル思考の4つ目の要素は「網羅」です。「網羅」とは、網目のように漏れや重複がないことで、MECE(Mutually, Exclusive, Collectively, Exhaustive)とも呼ばれます。

仕事におけるミス、間違いを防ぐためには網羅が重要です。必要な情報や観点が網羅されていないと、偏りや抜けが起きてトラブルの原因になります。

建物にたとえてみましょう。

必要な柱が立っていない(柱の数に漏れがある)と、建物は傾き、倒れる危険性があります。また、柱が必要以上に多い(重複している)と、スペースがムダになるだけでなく、邪魔になって生活しづらいでしょう。必要な柱が正しく網羅されていなければ、よい建物はできません。

よって、**漏れと重複はどちらもよくないことです。ロジカル思考では漏れは怖いとよく覚えておいてください。**

たとえば、あなたがお客様への提案資料を作成したとき、「社内の稟議《りんぎ》に必要だから、価格について細かな内訳を教えてほしい」と言われていたことを忘れていたとします。価格の内訳が入ってなかったために、お客様は不満を口にして怒ってしまうでしょう。結果として信頼をなくし、次の異動のタイミングで担当を外される、なんてことになってしまいます。

本来はお客様との打ち合わせで、要望をメモしておき、すべての要素が入っているかどうかを確認すべきだったのに、自分の記憶に頼ってしまって大事なことを入れ忘れたのです。自分では大丈夫だと思って提出したものによって、怒られるだけでなく担当変更にまでなってしまった――。

たった1つの不注意によってそんな事態にまでなることもありますから、網羅には万全を期さねばなりません。

ロジカル思考においては、目的に合った要素を網羅する必要があります。

漏れや重複が発生するとき

「漏れ」とは、計画や作業、プロセスのなかで考慮されるべき事柄や要素が抜け落ち

てしまうこと。言い換えれば、「あるべきもの」「やるべきこと」「考慮すべきこと」が見逃されたり、忘れられたりすることです。

仕事における漏れは、情報、タスク、リスク、対応などの面で発生します。

✦情報の漏れ

顧客や取引先に必要な情報を伝え忘れる。

報告書に必要なデータが欠落している。

✦タスクの漏れ

プロジェクトで特定のタスクを予定に組み込むのを忘れる。

必要な手続きや承認プロセスを省いてしまう。

✦リスクの漏れ

事前に考慮しておくべきリスクを見逃して計画に含めていない。

法規制やコンプライアンスの確認を怠る。

✦対応の漏れ

顧客からの問い合わせやクレームへの対応を後回しにして忘れる。

顧客要望を記録せず、サービスや製品に反映できない。

「重複」とは、同じ作業や内容が複数回実行されてしまうこと、または同じ内容が複数箇所に存在することを指します。不要な作業やムダなコストが発生する原因となります。仕事における重複は、タスク、データ、会議、プロセスなどの面で発生します。

✦タスクの重複

同じタスクを複数の担当者が知らずに並行して行ってしまう。

プロジェクト内で同じ報告書や資料を複数回作成する。

✦データの重複

顧客情報や製品情報が複数のデータベースに保存され、管理が煩雑になる。

データを複数回入力することでミスが増加する。

✦会議の重複

同じ内容を扱う会議が異なる部署やグループで繰り返し行われる。

ほかの会議で決まった事項を再度検討する。

✦プロセスの重複

承認プロセスが必要以上に複雑なため、同じ内容の確認を複数回求められる。

複数の部署が、同じ目的のために類似の調査や分析を実施する。

以上のような漏れ、重複を防ぐために網羅を心がけます。

漏れや重複があるとミスや間違いが生じる

漏れがあればミスや間違いが生じ、重複がある場合は効率が悪くなります。

漏れや重複は、情報共有の不足や計画の不備などによって発生します。

情報共有が不足すれば、必要な情報が関係者に届かないことになります。また、情報が共有されていないために、類似のタスクが重複して行われることになります。

計画に不備があれば、全体の見通しが立てられていないため、重要事項の検討が不足しますし、役割分担が不明確なために、ムダな作業が発生します。

さらに、管理ツールを適切に使用していなかった場合は、タスク管理ツールを使わない、または適切に活用できないために、自己流で仕事を進めることになります。重複タスクを防ぐためのチェックができません。

漏れの具体例を3つ挙げておきましょう。

✦不動産仲介営業Aさんのケース

Aさんは都心部で働く不動産仲介の営業パーソンで、おもに法人顧客向けのオフィス賃貸を担当しています。

ある日、Aさんは大手IT企業の担当者から、新規オフィスの契約手続きを依頼されました。特定の条件（駅から徒歩5分以内、築10年未満、50坪以上、賃料月額200万円以下）

が提示され、Aさんは該当する物件を数件リストアップしました。そのなかから1つの物件が選ばれ、契約に進むこととなりました。

〈確認漏れの発生〉

契約締結後、担当者は内装工事のスケジュールを確認するため、物件の引き渡し日を再確認してきました。その際、Aさんは物件のオーナーに確かめずに、手元の書類だけを見て引き渡し可能日を「来月1日」と伝えました。しかし、実際には物件の原状回復工事が必要で、引き渡し可能日は「来月15日」でした。これに気づいたのは、内装工事業者が現地で作業開始の準備をしたタイミングで、作業が許可されていないことをオーナー側から指摘されたときでした。

〈結果と影響〉

内装工事の完成が2週間遅れ、予定されていた引っ越しスケジュールも全体的にずれ込む事態になりました。依頼先のIT企業では、新しいオフィスでのプロジェクト稼働を予定していたため、顧客側に多額の追加コスト（仮設オフィスの手配費用やプロジェクト遅延に伴う機会損失）が発生しました。結果として、顧客との信頼関係が損なわれ、Aさんの会社は一部損害賠償を負担することになったのです。

Aさんの確認漏れによって発生した損害でした。

✦企業の人事担当Bさんのケース

Bさんは、ある中堅企業の人事部で新卒採用とその後の新人研修プログラムを担当しています。毎年20名程度の新卒者を採用し、入社後に行われる研修の準備を行っています。

研修には、会社の理念や業務知識、ビジネスマナーを学ぶ座学と、現場に近い実務演習が含まれます。

〈確認漏れの発生〉

ある年、Bさんは新卒者向けの研修プログラムの内容を更新するにあたって、社内講師や外部講師との連絡調整を行っていました。そのなかで、外部講師が担当する「業務効率化ツールの活用研修」について、講師から使用する教材やパソコン環境の要件を事前に知らされていたにもかかわらず、必要なアプリケーションのインストールと動作確認を忘れてしまいました。

研修初日、参加者が講師の指導でパソコンを立ち上げたところ、講師が使用する予定だったツールがインストールされておらず、パソコンを使ったツールの実習ができない事態となりました。新卒者たちはプログラムの一部を正しく体験することができませんでした。

〈結果と影響〉

新卒者の中には、ツールの使い方を体験することで業務に早く馴染《なじ》むことを期待していた者もおり、「初期研修で基礎が学べなかった」と不満を漏らす者が複数いました。この問題は、彼らが配属後に業務効率化ツールを使う際の習得スピードにも影響を与えました。

Bさんの不注意によって研修が十分に実施できずに、新入社員は仕事のスタートでつまずくことになったのです。

✦メーカー技術者Cさんのケース

Cさんは、大手家電メーカーで働く技術者です。彼の担当は、家庭用洗濯機の最新モデル発売に向けて、洗浄性能を向上させつつ、騒音や振動を低減すること。短期間での試作とテストが求められていました。


〈確認漏れの発生〉

最終テスト用の試作品を製作する段階で、Cさんは設計図面に記載されている新しい「ドラムモーターの取り付け方法」への注意を怠りました。

最新モデルでは、振動を低減するため、モーターを取り付ける土台の形状と素材が変更されており、それにともなって締結部の組み立て方法が更新されていました。しかし、Cさんは過去の試作品と同じ手順でモーターを取り付けるように指示してしまったのです。

モーターの土台を正しい手順で固定せずに試作品を完成させてしまった結果、その状態で最終テストに進むこととなりました。

〈最終テストでの発覚〉

最終テストでは、洗濯機を最大負荷で稼働させ、洗浄性能や耐久性を確認します。稼働中、高速回転時に異常な振動と大きな音が発生し、テストが中断しました。原因を調査したところ、モーター取付け部の固定が不十分で、土台が変形していたことが判明しました。

〈結果と影響〉

試作品の再製作が必要となり、最終テストのスケジュールが2週間遅延。これによって量産準備も遅れ、最新モデルの発売時期に影響を及ぼす可能性が浮上しました。営業部門からは「発売遅れが競合製品に市場を奪われるリスクを高める」との懸念が示されました。追加の試作品製作とテストの費用も発生し、プロジェクト全体のコストが増加しました。

Cさんの注意不足によって、プロジェクトのコスト増だけでなく、新商品の発売時期の遅延が懸念される事態となったのです。

漏れを防ぐ方法

漏れは、「やるべきこと」が抜け落ちてしまうことで、大きなトラブルや信頼の損失につながります。このため、「漏れは怖い」という意識を持ち、漏れを防ぐ仕組みをつくることが重要です。

漏れを防ぐ具体的な方法をいくつか紹介しましょう（図12）。

①タスクの可視化

すべての作業をリスト化し、抜けや漏れがないか確認します。

そのための方法として、「ＴｏＤｏリスト」や「チェックリスト」を活用します。プロジェクト管理ツール（Trello、Asanaなど）を使えば、タスクの進捗状況を一目で確認することができます。

タスクを可視化することで、必要な作業が明確になり、何をやり忘れたかが一目でわかるようになります。

図12　漏れを防ぐための5つの方法一覧

①タスクの可視化	ToDo リスト、チェックリストの活用。
②ダブルチェック体制を構築する	複数人で確認する体制の構築。
③テンプレートを利用する	個人のオリジナルではなく、組織として書類のテンプレートをつくることで、記載漏れなどを防ぐ。
④関係者全員での情報共有	定期的に情報共有ミーティングをしたり、グループチャットなどを使用する。
⑤プロセスを標準化する	作業の流れ、手順を統一することで、無駄な作業と漏れやミスを減らす。

②ダブルチェック体制を構築する

作業完了後に別の担当者が確認する仕組みを導入します。

出荷内容、見積書、報告書の内容を別の人が再確認することで、1人では気づけないミスや漏れを防ぐことができます。

③テンプレートを利用する

必要な項目が網羅されたフォーマットやテンプレートを用意します。

契約書や提案書のテンプレートに「顧客名」「価格」「納期」など必須項目を記載する欄をつくることで、記入漏れをシステム的に防止できます。

④関係者全員での情報共有

チーム内で定期的に情報共有ミーティングを行います。また、共有ドキュメント（Microsoft TeamsやGoogle Docsなど）を活用し、つねに最新情報を確認可能な状態にします。それによって、情報が適切に伝わり、誰か1人が見逃してもほかの人が補うことができるようになります。

⑤プロセスを標準化する

作業の流れを標準化し、どの段階で何を行うべきかを明確にします。たとえば、出荷前に必ず「確認→承認→通知」の3ステップを踏むというルールを設定すれば、手順が固定化されることで重要事項の見逃しが減少します。

重複があると効率が悪くなる

重複は、不必要なもの、不必要なことが繰り返されている状態です。それによって、スペースや行動、お金がムダになり効率が悪くなります。重複によるムダの例には次のようなものがあります。解決策も示しましたので、参考にしてください。

①書類保存スペースの重複

ある会社では、紙の書類と電子ファイルの両方で同じ内容の文書を保存していました。さらに、部署ごとに同じ契約書を別々に保管していました。

そのため、オフィスの書庫がすぐに満杯になり、必要な書類を探すのに多くの時間がかかるようになりました。電子ファイルも統一されていないため、複数のバージョンが存在し、どれが最新版かわからなくなりました。さらに、書庫のスペース拡張や整理のために追加コストが発生しました。

〈解決策〉

統一した文書管理システムの導入が不可欠です。紙と電子の二重保存を避け、アクセスを一元化することで効率を高めることができます。

②商品在庫の重複

ある小売業者では異なる倉庫で同じ商品を管理していましたが、在庫データの統合が行われていませんでした。そのため、特定の商品が複数の倉庫で過剰に在庫をもつ一方で、ほかの倉庫では欠品状態が続くことになりました。

その結果、在庫過多の商品は売り切れず、陳腐化して廃棄コストが発生しました。また、欠品が顧客満足度の低下を招き、競合他社に顧客を奪われることになり、さらに、在庫調整のための余分な物流コストが発生しました。

〈解決策〉

在庫管理をリアルタイムで統合し、需給バランスを可視化するシステムの導入が必要です。

③会議の重複

あるプロジェクトで、進捗報告のための週次会議と月次会議が設定されていました。しかし、内容はほぼ同じで、同じ資料を使用して報告されていたのです。

そのため、会議の準備にかかる時間が増大し、担当者の作業時間が圧迫されていました。会議参加者は冗長性を感じ、集中力が低下しました。コア業務への注力時間が減少し、プロジェクト全体の進行が遅れてしまいました。

〈解決策〉

会議の目的と頻度を精査し、必要なものに絞り込む必要があります。進捗報告は共有ツールですませ、会議は意思決定の場に特化すべきです。

④システムの重複

ある企業では、営業部門と経理部門が個別のシステムを使って顧客情報を管理していました。両方のシステムに同じ顧客情報を入力する必要があり、データの重複が発生しました。

その結果、入力作業が二重化し、担当者の負担が増加しました。また、システム間でデータにズレが生じ、請求書の誤送信やトラブルが発生しました。システム維持費用もムダに増加しました。

〈解決策〉

顧客情報を一元管理するCRM（顧客管理システム）の導入が重要です。異なる部門が同じプラットフォームを利用することで効率化が図れます。

⑤製品開発における重複

ある会社では、異なる部門が競合商品に対抗するために類似の製品を別々に開発していました。しかし、互いに進捗を知らず、リソースが分散しました。

その結果、開発コストが倍増するだけでなく、新製品をタイムリーに市場投入できなかったのです。市場に出した製品は自社内で競合する形になり、販売が低迷。社内で責任の押しつけ合いが発生し、部門間の信頼が低下しました。

〈解決策〉

全部門が製品開発の全体計画を共有し、プロジェクト間の重複を排除しなければなりません。部門間での定期的な情報交換が必要です。

重複を防ぐ方法

「同じことの繰り返し」によってムダが生じ、効率が低下します。重複を防ぐには、不要な繰り返しを発見し、それを仕組みで排除することが重要です。

重複を防ぐ具体的な方法は次のとおりです（図13）。

①役割分担の明確化

誰がどの作業を担当するのかを明確にし、責任範囲を明確化します。

たとえば、プロジェクトを進める際には「Aさんが資料作成」「Bさんがデータ分析」と役割を事前に決定しておけば、タスクの重複実施を防ぎ、効率的な作業分担が可能になります。

②情報の一元化

顧客情報、プロジェクト情報などを1カ所に統合して管理します。

図13　重複を防ぐための5つの方法一覧

①役割分担の明確化	担当ごとに責任の範囲を決めることで、作業を分担する。
②情報の一元化	社内でそれぞれで管理されている情報を、1カ所に統合する。
③業務プロセスの見直し	繰り返しなどの無駄なタスクが入っていないかを確認する。
④定期的なコミュニケーション	定期的にプレイヤーの業務内容や進捗を確認することで非効率な作業やムダを確認する。
⑤ツールの統合	たとえばチャットツールを1つに統合することで、情報の散逸を防ぐ。

たとえば、CRM（顧客管理システム）やプロジェクト管理ツールを導入し、データの重複登録を防止します。これによって、誰でも同じ情報にアクセスでき、データの二重登録や重複作業が削減できます。

③業務プロセスの見直し

現在の業務フローを分析し、ムダな繰り返しや不要な確認作業がないかを見直します。

同じ報告書を別のフォーマットで何度も作成している場合は、フォーマットを統一することでムダな工数を削減し、シンプルなプロセスに改善できます。

④定期的なコミュニケーション

部門やチーム間で定期的に会議や進捗確認を行い、作業が重複していないか確認します。

たとえば、月次ミーティングで「誰が何をしているか」を確認し、タスクの調整を行えば、チーム全体で状況を把握でき、重複タスクの早期発見が可能になります。

⑤ツールの統合

複数のツールを統合し、同じ情報を複数箇所に入力する手間を省きます。

たとえば、会計ソフトと在庫管理ソフトを連携させて、同じ情報を二重入力しないようにすれば、データ入力作業の効率が上がり、ミスも減少します。

以上のように、漏れも重複も、他力の活用である「仕組み」と「確認」の徹底が防止のカギです。

仕組み化においては、標準フォーマットや自動化ツールが有効でしょう。自分だけでがんばらないことが大切です。チェック体制においては、チェックリストを用いたり複数の視点で確認する仕組みを整えます。コミュニケーションにおいては、チーム内でお互いに漏れの確認を行います。

これらを徹底することで、漏れと重複を最小限に抑えて問題やミスの発生を防ぎ、効率的で確実な業務遂行が可能になります。

「漏れは怖い」という感覚が大切

これまでの説明のとおり、網羅ができていないとトラブルが発生する、あるいはムダが発生することから、仕事をうまく進めることができなくなります。

網羅を確実にする方法は「他力」の活用です。自分だけで確認するのではなくほかの人にチェックしてもらうことで、漏れや重複に気づくことができます。さらに、チェックリストなどの枠組み（フレームワーク）を活用します。

網羅に便利なフレームワークはいろいろとあります。

３Ｃ（自社・競合・お客様）、ＰＥＳＴ（政治・経済・社会・技術）、ＳＷＯＴ（強み・弱み・機会・脅威）といった有名なフレームワークもあります。ここでは、日常的に網羅で使えるチェックポイントを紹介しましょう。

✦「感情面」と「論理面」のチェック

自分のコミュニケーションが相手にとって両方とも受け入れられるかどうかチェックに使います。感情のＹＥＳ、論理のＹＥＳの両方がそろって初めて相手に受け入れてもらえます。

感情とは気持ちですから、気持ちのＹＥＳがもらえそうか？　論理とはロジカルですから、ロジカル面でＹＥＳがもらえそうか、この２つを網羅できるようコミュニケーションの都度、確認しましょう。

たとえば、営業の提案においては、お客様の考えを否定せず、まず賛同することで気持ちのＹＥＳをもらう。そのうえで、こちらの資料のロジカル度をチェックして提案の論理面でもＹＥＳになるようにする、といった具合です。

✦「自分」と「相手」のチェック

自分の都合、相手の都合、両方とも網羅できているかどうか、チェックするときに使います。だいたい、どちらかに偏っています。

たとえば、自社が人材採用のメッセージを考えるとき、自社が欲しい人材についてばかり強調されていることがあります。自分の目線が強すぎる、という意味です。

採用とはお互いの合意で成立するものです。ですから相手目線も欠かせません。相手から見てこのメッセージは魅力的か？　というチェックをして、足りないなら相手にとっての魅力を増やす必要があります。たとえば自社における仕事のやりがいや成長の機会、それを裏付ける根拠や証拠などです。

✦「考え方」と「伝え方」のチェック

資料作成やプレゼンテーションのときに両方ともできているかどうか、チェックするときに使います。この両方ができていれば、意見や提案がとおりやすくなります。

たとえば、不動産の仕事でお客様に賃貸の物件を紹介するときに、物件を選ぶ考え方としてはお客様の生活スタイルに合っていることを確認する。そのうえで、生活スタイルに合っていることをもっともわかりやすい伝え方をしているか確認する、というイメージです。

わかりやすい伝え方には、イラストや写真を用いる、図に書いて説明する、しっかりと数値を盛り込む、などがあります。

✦「短期的な仕事」と「長期的な仕事」のチェック

自分の仕事の取り組みが短期的なもの、長期的なもの、両方とも適切にできているのかチェックのときに使います。今・今日・直近に必要なことが短期的な仕事であり、今後・先々・将来に必要なことが長期的な仕事です。

経営学者のピーター・ドラッカーは「マネジャーの役割は短期と長期の仕事を調和させること」と言っています。短期と長期、両方できて一人前ということです。

たとえば、経理の仕事において短期的には「今月の伝票処理」を期限内に行うこと。そして、長期的には1年後までに伝票処理をシステム化により合理化する、です。この両方ができていることを確認します。

確認やチェックが不十分であったために漏れが発生し、それがトラブルや問題に発展することがあります。仕事だけではなく、日常生活でも漏れがあると、トラブルや問題が発生する原因になります。繰り返しになりますがロジカル思考において大切なことは「漏れは怖い」という感覚をもつことです。情報を整理する、内容を伝える、作業を行うといったときに、「漏れは怖い」という意識を忘れてはいけません。

網羅は手段であり、目的を実現することが重要です。目的に照らして十分な網羅ができているかどうか、つねに確認します。また、少し冷静になるために、網羅が十分かどうか、詳しい人に相談してみることもおすすめします。漏れは怖いからこそ、自力で終えず他力を活用するということです。

最後に1点お伝えすると、資料を作成したり、上司から頼まれて調べ物をしたりするときに、際限なく調べようとする人がいます。それは悪い網羅で、時間をムダにすることになります。**網羅には目的がありますから、それに合わせて調べる部分を絞り込みましょう。**何のために何をどこまで網羅すべきか？　ここでも合目的が出発点です。

「網羅」のまとめ

- 網羅はMECEとも呼ばれ、網目のように漏れなく重複なく、情報や要素が整理された状態をつくること。
- ロジカル思考においては、構造を確立するために網羅は必須であり、網羅できていなければ、構造の欠陥となってしまい、ミスや間違いが生じる。
- 必要な情報を網羅するためには、他力の活用が重要であり、相手に確認する、フォーマットやチェックリストを用いるなどして、網羅を実現する。

コラム

ロジカル思考が役立つ4つの思考法

これまでロジカル思考の4要素である「合目的」「構造化」「論拠」「網羅」について、細かな点も含めて説明してきました。

ここで、復習を兼ねて、ロジカル思考と「仮説思考」「論点思考」「クリティカル思考（批判的思考）」「フェルミ推定」との関係性について説明します。

✦仮説思考

仮説思考とは、問題を解決したり企画や提案を行うときに、まず仮の答えをつくってその答えが確かかどうかを検証していく考え方です。

たとえば、チョコレートをつくる食品メーカーで新商品が期待通りに売れていない場合、「ターゲット層に当社の新商品が認知されていないことが原因」という仮説を立てます。その仮説を検証するために、アンケート調査や市場データを収集し、実際に認知度が低いかどうかを確認します。

もし仮説が正しい場合は、広告キャンペーンを強化するといった対策に進みます。仮説が間違っていた場合も気にすることはありません。1つ、検証ができたわけですから、他の原因仮説を立てて検証していけばよいのです。

このとき重要になるのが、「合目的」「構造化」「論拠」「網羅」のロジカル思考の4要素です。チョコレートの売上の例でいえば目的は新商品が売れていない原因を明らかにする、構造化としては仮の答えである新商品の認知不足とその原因、論拠はアンケート結果や市場のデータ、網羅は十分に情報を集めたかどうか確認する、ということです。仮説思考とはロジカル思考における「仮の答え」を検証していくものです。

✦論点思考

論点とは目的達成のために決めたいこと、知りたいことのことです。論点は本書の「論拠」において説明しました。

論点思考とはとくに重要な論点を明らかにしてから、その論点に対して答えを考えていく方法です。重要な論点を見極めてそれに答えていくのですから、早く結果を出しやすくなります。

たとえば、ある銀行で新しい人事制度をつくりたいというときに、今回のケースでは評価制度の設計が重要な論点だとわかったとしましょう。であれば、まず評価制度の設計に優先して取り組むことで人事制度の全体を仕上げるスピードが早くなるといったイメージです。

ここでは目的、論点、という言葉がでてきました。これはまさにロジカル思考の4要素のうち、「論拠」の中で登場した「論点」を重視するということです。

✦クリティカル思考

これは意見や判断に対して「本当にそうだろうか？」「別の見方はないのだろうか？」と確認していく考え方です。

たとえば、あなたの会社がＩＴ企業から営業を受けて「スケジュール管理業務の効率化のためには、当社のアプリを導入することがおすすめです。理由は３つあり、１つ目は当社独自の高速処理、２つ目は画面の見やすさ、３つ目は豊富な実績です」と言われたとしましょう。

クリティカル思考がなければ、「ああそうですか」「なるほど」と相手の説明を受け取って終わりです。

クリティカル思考でチェックするのであれば、本当に高速処理なのか？　画面は本当に見やすいのか？　実績は確かにあるのか？　といった批判的なチェックをすることができます。

そもそもロジカル思考とは、目的に対する意見や判断を構造化して論拠をつけて必要な項目を網羅することです。ロジカル思考ができていれば、クリティカル思考に耐えられるということになります。

逆にロジカル思考ができていない意見や判断は、クリティカル思考でチェックされたら「おかしい」「ダメだ」と言われるでしょう。このクリティカル思考は実践編でも説明します。

✦フェルミ推定

フェルミ推定とは、たとえば「日本では毎年何パックの納豆が売れるのか？」といった、答えがないような質問に対して常識的なデータに基づき答えを推定する思考法です。考え方としては、答えを出すために必要な要素は何か、と論点を考えて整理していくことです。

納豆のパックの例でいえば、①日本の人口、②日本人のなかで納豆を食べる人の割合、③納豆を食べる人が1週間で食べる納豆のパック数、これを推定すればあとは④1年間は52週間ですから、52をかけた数値が答えになります。

この例でおわかりと思いますが、フェルミ推定においては答えを出すという目的で必要な要素（論点）である①、②、③、④に分解して整理しますので、ロジカル思考が活用されています。フェルミ推定は難しいイメージがありますが、「ロジカル思考を使っているだけ」だとわかると、身近に感じられるかもしれません。

実践編

ロジカル思考を
仕事に活かす

ロジカル思考を実践する心構え

ここからは、第4章までに解説したロジカル思考を、「報連相」「メール」「プレゼンテーション」「会議」「議事録」「情報整理」「問題解決」という、日々の仕事のなかで、具体的にどのように活用していけばいいかをお伝えしていきます。

その前に、ここでロジカル思考を仕事で実践するうえで気をつけることを述べておきます。

それは「慎重さ」です。

せっかくロジカル思考を理解していても実践できないのは、物事に対処するときに、人間は誰しも、つい直感や感覚、感情に従って判断してしまいがちだからです。あるいは、経験則に基づいて問題を処理しようとします。これではロジカル思考を活かせません。

思考における慎重さは「クリティカル思考」「クリティカル・シンキング」とも呼ばれ、情報や自分の考えを批判的に見る態度を指します。「批判的思考」とも言われます。「これでいいのか？」「ほかにはないのか？」と疑う考え方のことです。**慎重な態度になれば、ロジカル思考をより正確に用いることができる**ようになります。

自分の取り組みに対して、「合目的か？」「構造化されているか？」「論拠は確かか？」「網羅されているか？」といつも確認する態度を忘れてはなりません。重要な仕事であればあるほど、十分な慎重さが必要です。

では、あなたにとって慎重さの敵になるものは何でしょう？

●「これくらいでいいだろう」という気持ち（低い意識）。

●「こうだろう」という思い込み。

たとえば、こうした気持ち、**思い込みを生み出すのは、「慣れ」「自信過剰」「勝手な期待」「知識・情報の不足」「理解力の不足」「体験の不足」など**です。大切なことは先述したクリティカル思考です。

●これでいいのか？（これで目的に合っているのか？　これで相手に理解されるか？　この言

葉の定義は正しいか？　これに論拠、根拠、証拠はあるか？）

●ほかにないのか？（チェックリストを確認したか？　相手に確認をしたか？）

こうした態度が求められます。

人間には直感や感覚、感情で判断してしまう傾向があることを意識してください。仕事に行き詰まったとき、たとえば、資料を要領よくまとめられない、自分の考えを会議で伝えられない、上司への報告に自信がない、仕事の進め方に迷ってしまった、部下に自分の考えをうまく伝えられない、取引先に理解してもらえない……。とにかく少しでも「困ったな」と思ったときには自身の考えをロジカル思考で批判的にチェックするのです。

合目的：内容は目的に合っているか？

構造化：全体の構造は明確になっているか？

論拠：論拠は整っているか？

網羅：漏れや重複はないか？

ロジカル思考が身についたと思えるまでは、「合目的」「構造化」「論拠」「網羅」の4つの言葉を紙に書き出して机の上やパソコンなどに貼って、忘れないように、いつでも確認できるようにしておくことをおすすめします。

トラブル時のクリティカル思考の使い方

では、批判的なチェックであるクリティカル思考を実際にどう使うのか、次の事例で見てみましょう。

> ある大きなホテルでお客様からのクレームが連続して発生しました。1カ月の間に20件です。大きなホテルですからお客様の人数が多いとはいえ、この数は過去に比較して多すぎます。
> このクレーム対策を考える目的で会議が2週間後に開催されることとなりました。会議にはホテルの支配人、客室サービスの責任者、レストランの責

任者、レセプションの責任者の計4名が参加します。

読むとなんとなく状況は理解できると思いますが、クリティカル思考で読むとどのようなチェックができそうでしょうか？

「これでいいのか？」「他にはないのか？」といった批判的なチェックをしてみます。

まず、連続して発生しているクレームの対応を2週間後の会議で話し合う、というのは遅すぎではないか、と感じないでしょうか。状況を考えたら合目的な進め方は他にもありそうです。たとえば集まれる人だけで翌日にも集まる、という進め方です。

そして、クレーム20件の内訳が構造的に分類されていないため、何が起きているのかわかりません。仮にクレーム20件の詳しい発生原因や場面がわからないとしたら、論拠に基づいて対策を決めることができません。

さらに何が起きているのかわからないので、現時点、誰が会議に参加すべきか適切に決められない状況にあります。つまり参加者を網羅したくても、それが難しい状況です。たとえば予約に関する責任者も呼ぶべきかもしれませんし、そもそも責任者クラスだけでなく現場の社員も会議に呼ぶべきかもしれません。

というように、**受け取った情報に対して批判的に確認することで、よりロジカルな検討ができるようになります。**

また、慎重さという意味では「思考は感情の影響を受ける」ということも忘れてはいけません。

自分は今、ロジカルに考える余裕があるだろうか？　ロジカルに考えるための冷静さはあるだろうか？　焦っていたり怒っている場合、ロジカルに思考することが難しくなります。このチェックもその都度してみてください。

たとえば次の事例のような事態は避けたいものです。

> 営業で仕事をしているRさんは、自身がつくった改善提案の効果を社内会議で具体的に説明できず、他部署の課長から「効果がわからない提案をもってこないで」と言われてしまいました。
>
> その人はサービス開発部のM課長です。実はM課長はRさんから見ると会社の後輩であり、年下です。そのM課長から会議でダメ出しをされたRさんは、正直、頭に来ていました。

「あんな言い方しなくたって……」

冷静さを失ったRさんは、M課長の部署の仕事のやり方がいかに非効率であるかをまとめて、次回の会議で報告しようと考えました。そのことで自身の改善提案の必要性を説明しようという意図です。

ところが、もともとの目的は「自身の改善提案を社内会議で承認してもらう」ことです。そう、怒りの感情に従って考えたRさんにとって、M課長の部署の問題点を会議で説明することが目的にすり替わっています。

さて、次の社内会議ではどうなったのか。Rさんの説明は提案内容と関係ないM課長の部署の問題点のことばかりで提案に説得力がない、と否定されてしまいました。そして、M課長とも関係性が悪化して営業の仕事にも支障が出るようになりました。Rさんはそれから2年間ほど、肩身が狭い思いで仕事をしていくこととなりました。


このように、**感情に従って考えると目的がすり替わったり、大事なことが抜けてしまったり、余計なことが強調される**ことになりかねません。「自分は今、ロジカルに考えるために冷静か？」と、ぜひ問うてみてください。

逆にあなたの話を相手に聞いてもらいたいときは、相手が落ち着いていて冷静なときに話をするべきです。そうでなければ、あなたがいくらロジカルに話を組み立てたとしても相手はそれを適切に判断できないでしょう。

相手にとって冷静に聞くことができるタイミングはいつか？　これも慎重に問うべきことです。

相手に伝わる言葉の選び方

前項では慎重さと冷静さの重要性をお伝えしましたが、次はもう少し具体的な言葉の選び方もお伝えしていきます。

あなたは次の話をどのくらい理解できますが？

A：スーパーでリンゴを買ってきてほしい。
B：スーパーでアバカシを買ってきてほしい。

Aの意味はわかると思います。しかし、Bのアバカシはよくわからない人が多いと思います。では、もう1つ。

C：昨日、イチゴを食べたらおいしかった。
D：昨日、タペレバを食べたらおいしかった。

こちらもCは意味がわかると思いますが、Dは意味不明という人が多いでしょう。どういうことなのか。

要するに、話されている用語が何なのかがわからないと、話を理解できないということです。

Bのアバカシとはブラジルでいうパイナップルです。パイナップルと言われれば、スーパーで買ってくることができます。

Dのタペレバはブラジルで人気のフルーツで、甘酸っぱいミカンのような味がして、ジュースにするとおいしいといわれています。そう言われたら、味のイメージができるでしょう。

ここでお伝えしたいのは、**私たち人間は言葉だけで話を理解しているのではない**ということです。私たちは言葉を用いて、記憶を使いながら話を理解しているということです。

Bの話は、パイナップルを知っていても、アバカシを知らない人には通じません。Dの話はタペレバの味をイメージできないと、話を聞いても共感できません。しかし、甘酸っぱいミカンのような味と言われると自分の記憶を使って「おいしそうだな」と理解できます。

人間は話を理解するために記憶を使っていることを忘れないようにしましょう。

相手に話を理解してもらうためには、次の2つが重要です。

①相手に聞く準備をしてもらう

自分は伝えたいこと、言いたいことが明確だとしても、相手にとってはさまざまある話の1つです。たとえ先日の話の続きであったとしても、関連する記憶を忘れてしまっていることもあります。

したがって、一例としてあなたが上司に何かの承認を得ようと相談するときに、最初に「ご相談が1点あります。〇〇の件、ありましたよね、その件の続きで進展があったので、その話について今日は相談させてください。とくに、前回おっしゃっていた会社の予算について、アドバイスをいただけると助かります。実は進展が△△となっておりまして……」といった具合に、相手に話を思い出してもらう、今日は何をしてほしいのかを言う、といった流れで相手に聞く準備をしてもらうと、話が伝わりやすくなります。

②自分の記憶や知識だけでいきなり話さない

いきなり自分だけが知っている用語を使って説明する人がいます。しかし、これだと先述のように相手に伝わりません。「それ、何のことだろう?」と思われたら理解してもらえないということです。

話をしながら「〇〇を知っていますか?」と確認したり、相手の知らないことは具体例や資料を使いながら説明しよう、と工夫することが求められます。

要するに、相手に理解してもらう、という目的に基づいて考えるべきことです。「合目的」でコミュニケーションのコツを考える、という意味になります。

言葉の定義を整理しよう

続いて、話のなかで誤解を防ぐための考え方をお伝えします。

次の例では不動産屋Aさん、新居が決まったBさんが住民票について話をしています。

> Aさんは「住民票の写しではなく、原本が欲しい」と言い、Bさんは「住民票の原本は入手できない」と言っています。どういうことでしょうか？

これは、言葉の定義をそれぞれ異なって理解していることから生まれる齟齬《そご》と考えられます。

Aさんの考えでは、「住民票の原本とは役所から手に入れる住民票」のことであり、

「写しとはコピー」の意味。したがって、「コピーは困る」と伝えたい。

Bさんの考えでは、「役所によると住民票の原本とは住民データのこと」であり、「これを渡すことができない」と言われてしまった。そして、「住民票の写しとは住民データを紙に出力したものであり、一般的には役所から渡される住民票のことである」という理解だった。

この状態を構造で整理すると次のようになります。

①役所にある住民データ↓②役所でデータを印刷した住民票↓③コピーやスキャンによる活用

Aさんが必要とするのは②ですし、Bさんが渡せるのも②ですから、こうやって構造で説明したらすっきりするはずです。

ところが、2人の当初のやり取りにおいてはAさんは②を「原本」、③を「写し」と呼んでいました。Bさんは①を「原本」、②を「写し」と呼んでいたのです。

ここで重要なことは、言葉がもつ相対性に注意するということです。相対性とは他

との関係で意味が決まること、です。

次のようなことに気をつけてみてください。

- 意見とは、誰の意見?、どの点に対する意見?
- 予算とは、どこの予算?、どの範囲の予算?
- ルールとは、法律?、社内規定?、部署の慣習?
- 予定とは、いつ立てた予定?
- 最初の手続きとは、どの手続き?

構造化を用いて情報を整理し「誤解が生じないよう」に自分の考えを伝えていくことで、話が伝わりやすくなります。

以上、ロジカル思考を使うには、その前提としてクリティカル思考と慎重さが大切であるとお伝えしました。それを念頭に、次節からはロジカル思考を具体的に実際の仕事で実践するためのコツやポイントを見ていきましょう。

報連相のメリットを活かす

報告・連絡・相談を行うときには、伝える情報を事前に整理しておかねばなりません。ロジカルでない報連相では、行ったり来たりと時間のムダが生じます。

報連相を適切に行うことには、以下のような6つのメリットがあります。まず、それを確認しましょう。

①業務がスムーズになる

適切な情報共有により、個々の業務が孤立せず、チーム全体の仕事がスムーズに進みます。とくにプロジェクトや業務が複数人で行われる場合、役割分担やタスクの優先順位を調整するために報連相は欠かせません。

②意思決定がスピードアップする

報連相を徹底することで、上司や関係者が状況を正確に把握し、的確かつ迅速に意思決定を行えるようになります。もし、報告が遅れたりあいまいだったりすると、判断が遅れ、業務全体に悪影響が及びます。

③問題の早期発見と対応が可能になる

業務上の課題やリスクが早期に共有されることで、迅速な対応や適切なリソース配分が可能になります。相談を通じて知見や経験を活用できるため、独力で悩むより効率的な解決策が得られます。

④信頼関係がつくれる

適切な報連相を行うことで、上司やチームメンバーとの信頼関係が築かれます。報告や相談がない場合、周囲は「状況がわからない」「問題を隠しているのでは」と不信感を抱く可能性があります。

⑤リスクを回避できる

定期的な報告や相談により、ミスやトラブルを未然に防ぐことができます。とくに、見落としや誤解が原因で重大な問題が発生するのを防ぐために重要です。

⑥チームワークが向上する

連絡を通じて関係者間の情報が共有され、業務が見える化するため全員が同じ方向を向いて行動できるようになります。報告や相談の際に意見交換が行われることで、よりよいチームワークが育《はぐく》まれます。

これら6つのメリットを最大限に発揮させるためにロジカル思考を活用します。

ロジカルな報連相の2つのルール

ロジカルな報連相にはルールが2つあります。

まず、1つは**「最初に目的と内容の数を言う（書く）」こと。**次のように行います。

報告：ご報告がありまして、報告1点です。内容は昨日の会議の結論です。無事に関係者と合意ができました。

連絡：ご連絡があり、計2点です。まず1点目は来週開催する会議の開始時間です。2点目はその会議のなかで何時ごろ、担当部分を発表してもらうかについて、です。

相談：ご相談があるのですが、2分ほどよろしいでしょうか。1点、明日の会議の進め方の件です。じつは先日、他部署から予算が厳しいからシステム化の内容を見直してほしいと言われてしまい、その対応案を会議の事前にご相談させてください。

このように、目的を伝えたうえで、内容がいくつあるのかを伝えることで相手は報告・連絡・相談を受け取る準備ができます。

目的を明確にし、中身が何個あるかを構造化して相手に伝えるのです。

仕事の現場を見ると、「お時間よろしいですか？」だけ伝えてあとはダラダラと報連相をするケースを見かけます。これだと相手は「何の話なんだろうか？　何を答えればいいのだろうか？」と不安や疑問を感じながら報連相を受けることになります。

報告であれば内容を聞いたうえで必要な判断をすればいいし、連絡であれば内容を受け取ればいい。相談であれば何らかの回答が必要となります。

コミュニケーションの目的が報告なのか、連絡なのか、相談なのか。それを最初に伝えることで相手は安心して内容を聞くことができるのです。

もう1つは、**文章で伝えるときのルール**です（詳しくは177ページの「ロジカルなメールの書き方」を参照してください）。

たとえば、件名、タイトルで内容がイメージできるようにするのです。

「【報告】昨日12／15の会議内容」のように、報告なのか連絡なのか相談なのかをはっきり示し、「いつ」の「何について」のことなのかまでをひと目でわかるようにします。

さらに、箇条書きで整理し、番号を振ります。

番号が振ってあると、内容がいくつあるかがわかりやすいうえに、お互いに個別の内容を、たとえば「③の件ですが」という具合に引用しやすくなります。

報連相にはメールやチャットなど、コミュニケーションにとって便利なツールを使うことが多いと思いますが、このような工夫によって相手は内容を理解しやすくなります。

報連相で失敗するとき

報連相で失敗する典型的な例は次のようなものです。これらはロジカル思考（4つの要素）ができていないために発生します。

①目的が不明確で、必要な情報が伝わらない

> 部下が上司に進捗報告をする際、「来月やりたいことは〇〇です」とだけ伝え、上司が知りたい今月の進捗状況や課題を報告しない。

ここに不足しているのは「合目的」です。報告の目的（上司が欲しい情報を伝える）が

明確でないため、必要な情報を伝えられていません。相手が求めることを報告しましょう。

②報告が断片的で、全体像が見えない

問題発生時に「納期が遅れています」とだけ連絡し、なぜ遅れているのか、どの程度遅れるのか、影響範囲について説明しない。

ここに不足しているのは「構造化」です。問題を整理して全体像を伝えられていないため、上司が適切な判断を下せません。問題や原因といった言葉を使って情報を構造化して報告しましょう。

③論拠があいまいで、信頼を損なう

「顧客がこの提案を気に入っていないと思います」と報告するが、なぜそう考えるのか具体的な論拠や証拠のデータが弱い。

不足しているのは「論拠」です。意見や判断の論拠（理由）が不十分なため、報告が信頼されず、次のアクションにつながりません。

「理由は？」「根拠は？」と相手から言われないような準備をして報告をしましょう。

④情報の共有が漏れているために問題が拡大する

複数部門が関わる案件で、一部の関係者にしか問題が共有されず、他部門の対応が遅れ、結果的にトラブルが大きくなる。

ここに不足しているのは「網羅」です。情報共有が不十分で、関係者全員に必要な情報が伝達されていません。

これで共有されなければならない対象が、全部か、全体か、と確認したうえで報告をしましょう。

自身の報連相において、できていること、できていないことを振り返ってみてください。できていることは、しっかりと続け、できていないことは改めることでスキルアップにつなげてください。

「ロジカルな報連相」のまとめ

- ●報連相では最初に「何のために何個の話があるのか」を伝える。
- ●メールやチャットで書いて伝えるときは、件名や冒頭で相手が内容をイメージできるようにする。
- ●メールやチャットで箇条書きを使うときは、番号を振る。

2 ロジカルなメールの書き方

1回のメールで用件を正しく伝える

ロジカル思考ができないことで発生する典型的な仕事のムダの1つが、日常で頻繁に使うメールのやりとりです。1往復ですむ用件について、ラリーのように何度もやりとりが必要になるとムダな時間が生まれ、仕事の進捗に影響します。

メールを書く際に気をつけるべき点は何か、どうすれば1回のメールで用件を正しく伝えることができるのか。ここでは、事例をとおしてロジカルなメールの書き方を説明しましょう。

研修を提供する会社で営業の仕事を始めた富岡さんは、お客様企業から7月1日に電話のお問い合わせをいただきました。返答をメールでしようとしていたところ、文面を見た上司から「うちはロジカル研修の会社だから、メールはロジカルに書いてく

図14　修正前のメール

宛先：　***************

件名：　先ほどはありがとうございました。

〇〇産業株式会社
山田　太郎　様

お世話になります。マキシマイザーの富岡です。
先ほどはお電話ありがとうございました。
お問い合わせいただいた、ご要望の問題解決の研修を貴社にご提供することは可能となったのですが、講師の予定が混みあっておりまして研修をご予定されている9月～11月のスケジュール調整が必要となるため、次回お打ち合わせの前に、できましたら1週間以内には研修日程の候補をいただければ大変ありがたいです。

また次回のお打ち合わせですが、7月27日もしくは29日の午前のご都合はいかがでしょうか？
その際に、研修の内容のたたき台をおもちしますので、内容をブラッシュアップできればと存じます。

ご不明点などございましたら、いつでもお気軽にご連絡くださいませ。
よろしくお願いいたします。

富岡

ださい」と言われてしまいました。富岡さんの書いたメールは次のようなものです（図14）。このメールは、ひと目見て改行が少なく読みづらいと感じさせますが、文章もまどろっこしく、一読で理解するのが難しくなっています。件名、内容など、どんな点に問題があるのでしょうか。どこがロジカルでないでしょうか。

次に、このメールを手直しした「ロジカルなメール」を紹介します（図15）。

先方はパソコンの画面を見て、ひと目ですっきりまとめられていることがわかるでしょう。

まず、件名が違います。先のメールは「先ほどはありがとうございました。」でしたが、これは「**【弊社でご提供可】**研修実施に向けたご報告とご依頼」となっています。「ご報告」や「ご連絡」ではなく、先方の問い合わせに対して、件名のなかにズバリ「提供可」と結論が明記され、そのあとに、それが何の事案に関するものかがわかるようになっています。相手が求めるものに答える件名になっているのです。

文面に関しては、構造化がなされています。「挨拶文」「お礼」のあとに、メールの主題に関して「ご報告」「ご依頼」の2つに構造化され、「ご報告」で先方の求めに回答し、「ご依頼」は「研修日程」「次回お打ち合わせ」の2つの見出しを立てて、番号

図15 ロジカルなメール

宛先： ***************

件名：【弊社でご提供可】研修実施に向けたご報告とご依頼

〇〇産業株式会社
山田　太郎　様

お世話になっております。マキシマイザーの富岡です。

先ほどはお電話にて、ありがとうございます。以下1点のご報告、2点のご依頼です。

▼ご報告
ご要望された問題解決研修の提供は弊社にて実施可です。

▼ご依頼
1）研修日程
講師の予定を調整するため7月8日までに、9月～11月における研修の候補日をいただけますでしょうか。
　※現在、ご予定の9月～11月は講師の予定が混みあっております。

2）次回お打ち合わせ：以下日時のご都合はいかがでしょうか。
　①7月27日　9：00-12：00
　②7月29日　9：00-12：00

なお、次回お打ち合わせの際に研修内容の叩き台をおもちしますので、内容をブラシュアップできればと存じます。

ご不明点などございましたら、いつでもお気軽にご連絡くださいませ。

よろしくお願いいたします。

富岡 次郎
マキシマイザー株式会社　研修事業部
Tel:080-xxxx-xxxx /EmAil: info@mAximizer.Co.jp

を振って確認を行っています。過不足のないメールとなっています。

これが、合目的・構造化・論拠・網羅のロジカル思考に基づいて書かれたメールです。

「件名」を変えるか変えないか

同じ相手とのメールのやりとりで重要なのは「件名」です。

1つの「件名」のもとでやりとりを続けていると、途中からメールの内容が変わってしまい、メールボックスを開いて「件名」を見ただけでは、内容が思いつかないことがあります。何度もやりとりをしていると、最初にメールしたのがどちらだったのかさえわからなくなるときもあります。

たとえば、「お問い合わせ」という件名で来たメールをそのまま返信すると「お問い合わせ」のままになってしまいます。これについては2つの意見があります。

1つは、何の件だったのかわからなくなるので、件名は変えないほうがいいという意見と、何に関する内容かがわかるように変えたほうがいいという考えがあります。

件名に追記で、「お問い合わせ　問題ありません」など回答を入れて解決できる場合もあります。明らかに内容が変わった場合は、返信するのでなく、新しいメールを新しい「件名」で出すのがいいでしょう。たとえば「日程検討」という件名で始まって、日程が決まって中身の話に入っていたら、それを送るときには「中身についてのご提案」と件名を変更します。

複数人とのメールの場合は、新しいメールに毎回ＣＣを入れると、入れ間違い、入れ落としなどのミスが起きる可能性があるので、全返信して件名を変更します。「件名」については、合目的を意識してやりとりをすることが大事です。

「ロジカルなメール作成」のまとめ

- メールを送る目的を明確にして、「相手が知りたい・自分が伝えたい」情報が何かを考える。
- わかりやすく情報を整理するために、内容を構造化して番号を振る。
- メールの件名や文面上部だけで、相手に概要がわかるように心がける。

3 ロジカルなプレゼンテーション

ロジカルなプレゼンテーションの3要素

まず、「ダメなプレゼン」を3つの面で挙げてみましょう。

①内容について

- 伝えたいことがわからない。
- 結論が見えない。
- 何のプレゼンかよくわからない。

②スライドについて

- 文字が多すぎる。
- 内容が整理されていないためにわかりづらい。

●カラフルすぎて目がチカチカする。

③プレゼンターについて

●聞き手のほうを向いていない。
●一方的にしゃべっている。
●スライドをただ読んでいるだけ。

要するに内容が目的に合っていない、全体の構造が明確でないために、こうした相手の反応が出てきます。ロジカルなプレゼンを行うことができれば、このような反応は出てきません。

ロジカルなプレゼンとは、以下の3要素を満たしたものです。

●全体の設計がわかりやすい（目的と構造が正しい）。
●各スライドがわかりやすい（構造化されて簡素である）。
●伝え方がわかりやすい（相手への配慮がある）。

それぞれを説明しましょう。

結論と論拠を三角構造で整理する

まず全体の設計図をわかりやすくつくります。そのために「三角形」を使って整理します。以下の例のように、プレゼンテーションで伝えたい内容の結論と論拠を三角構造で整理するのです。

論点：どのスマホがよいでしょうか？
結論：軽くて動作速度が速く、価格が安いのでA製品がおすすめ
論拠：重さが100グラム（普通は150グラムくらい）
CPUの処理スピードが◯◯である（iPhone最新機種に近い）
価格が2万5000円である（同様のスペックは通常3万8000円以上）

図16 プレゼンテーションにおける
全体の設計図は三角形をつかって整理

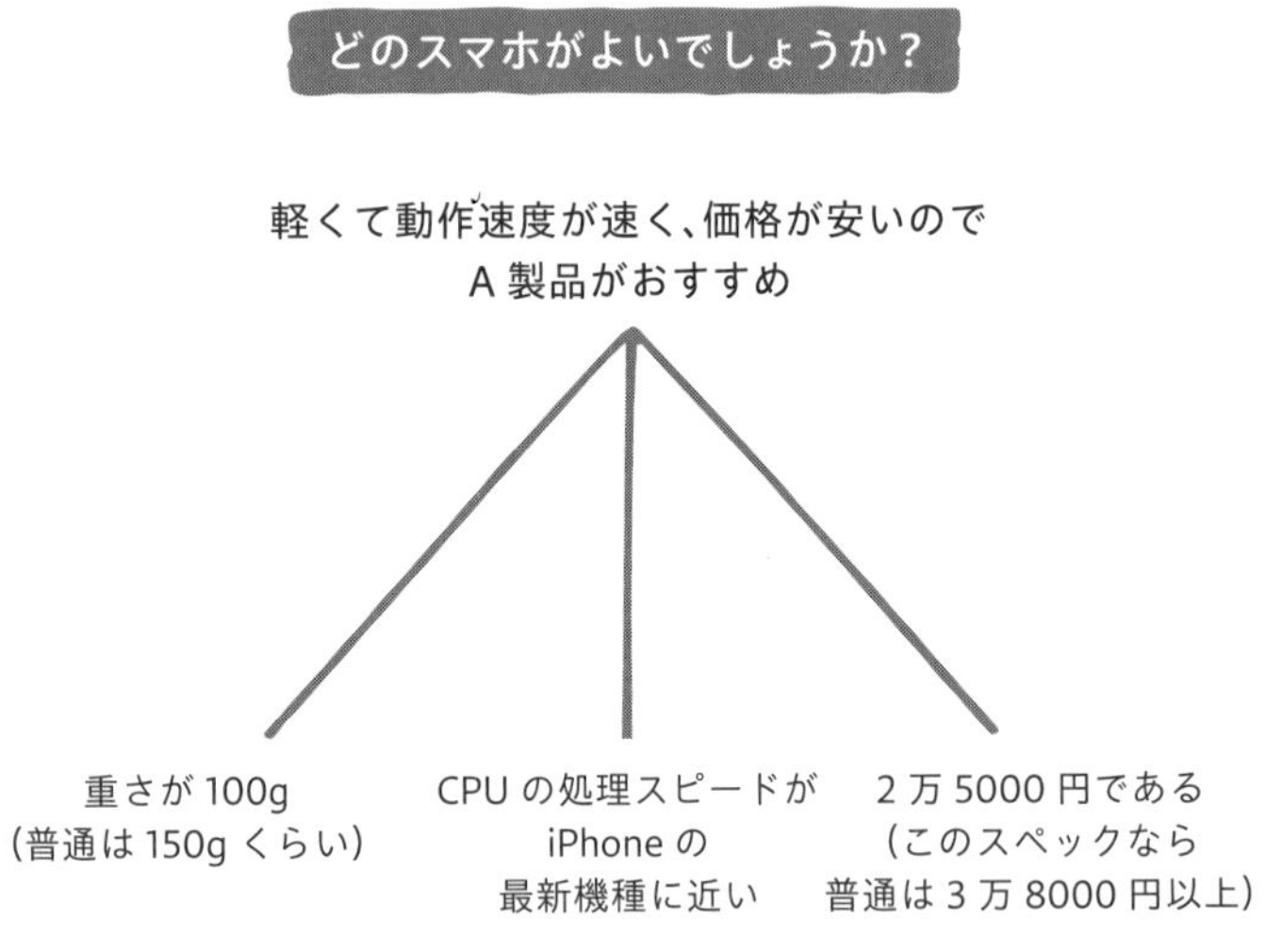

このように、**スライドを作成する前に、プレゼンで伝えたい内容を構造化して設計しておきます。**内容の構造化は三角形などで整理し、自分の目的が相手に受け入れられるよう論拠と網羅に留意して作成します。

設計図が三角形で完成したら、三角形の各部分をわかりやすいスライドにしていきます（図16）。

構造を意識してスライドをつくる

次にスライドを、構造を明確にして作成します。「見出し」「メッセージ」「中身」という構造を意識します。それぞれのスライドの要素、気をつける点は以下のとおりです。

- 一番上に、スライドで伝えたい内容の見出しをつける。
- その下に、スライドでもっとも強調したいこと（メッセージ）を書く。
- 内容は、メッセージで伝えたいことの中身。

中身には、数字が伸びていることを伝えるときにはグラフを使い、プレゼンの参加者に何らかの行動を促したいのであれば、その必要性や理由がわかる情報を載せます。

●最後に、スライドの下段でそのスライドのまとめや次のスライドの予告を行う。

スライドの上部に書くメッセージには3種類があります。次の要素をスライドで伝えたい内容に応じて使い分けます（図17）。


内容の「説明」：（例）以下は昨年度の売上実績です。

「事実」の提示：（例）売上が対前年比20％増です。

「意見」（推測やアドバイスなど）：（例）売上の増加につれてクレーム数の増加が予想されます。

図17　プレゼンテーションのスライド上部に書く3つのロジカルな見出し

種類
①内容の「説明」
例　以下は昨年度の実績です

種類
②「事実」の提示
例　売上が対前年比 20%増です

種類
③推測やアドバイスなどの「意見」
例　売上の増加につれてクレームの増加が予想されます。

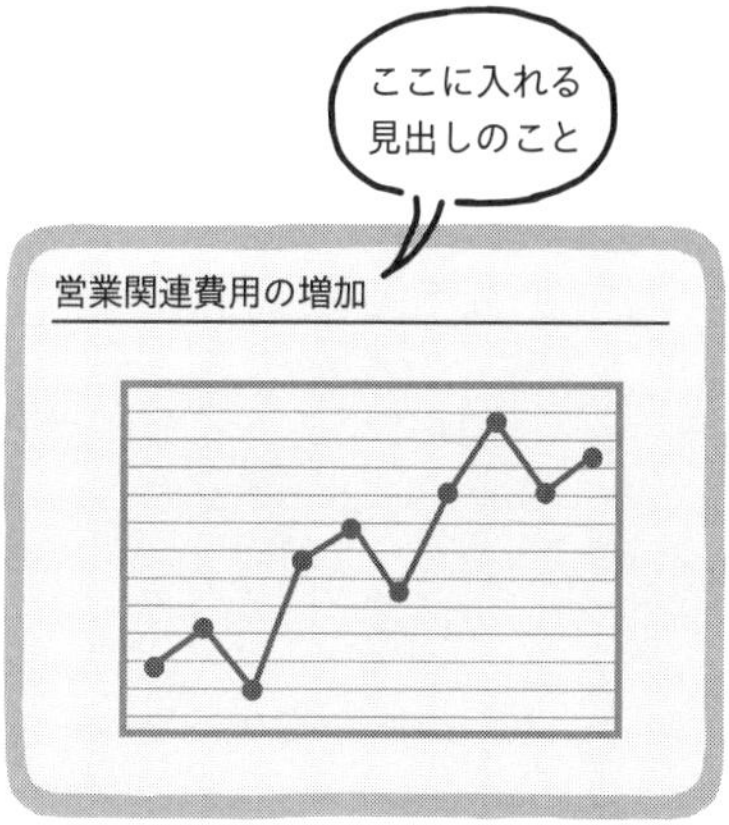

「説明」とは、状況の説明であり、状況における個別の部分を表現する事実や、事実に基づいた意見です。

その状態を見たときに誰もが納得できるものが「事実」というメッセージです。続いて、その事実が何個あるかを述べます。事実だけ言ってもそれは写真を見ているのと同じなので、プレゼンターの「意見」が必要です。わざわざスライドを見せている以上、そこには伝えたい意見があるはずです。

このようにスライドは、「説明・事実・意見」の3点セットを使い分け、構造化されて簡素であることが大切です。

スライドの構造化には、第2章に示した「三角形」、表やフローチャートの「四角形」、「マル（循環）」などを活用します。

整然としたスライドをつくるコツ

スライドは整然としていることが大切です。以下の3つを意識します。

- 重要なことは左上に書く。聞き手は資料を左上から見るからです。
- 上下、左右のバランスをとる。見やすさを意識します。
- 図形やテキストボックスの端を揃える。しっかりとした印象になります。

聞き手の理解を促進するという目的に合った、整然としたスライドをつくる必要があります。**スライドの目的は、作成者が説明するためではなく、見た人が誰でもすぐに理解できること**です。

スライドは簡素であることも大切です。以下の3点を意識すれば、簡素で見やすいスライドにすることができます。

- 文章は構造化し、ひと目でわかるようにする。
- 色や図形などの不要な装飾を減らす。
- 情報を詰め込みすぎない。

ロジカル思考の「網羅」によって過不足がないことを意識して、とくに「過」でないことに気をつけます。理想的なスライドは、シンプルで最小限の情報で伝えられるものです。プレゼンターの説明がなくても、見ればわかるスライドが理想的です。

見ればわかるスライド

見ればわかるスライドをつくるために、構造化に加えて、グラフ、写真、イラストや映像など視覚に訴える最適な手法を使います。

たとえば、売上の上昇傾向を表現するときには、グラフを使えば数値がひと目でわかります。製品やサービスの利用場面などを伝えたい場合は、その状況をイラストや写真、映像で伝えると効果的です。

また、文字、装飾、情報を減らして簡素なスライドをつくったうえで、さらにわかりやすくするためには、見てほしい部分を色や大きさで強調します。

スライドをつくるときに1枚に多くの要素を盛り込もうとする人がいますが、あくまでも相手にわかりやすく、またプレゼンの目的が達成できるようにつねに「合目的」を意識します。目的に対して構造が整っていて過不足がなく見やすい状態になります。「合目的」を意識すればおのずとよいプレゼンができるはずです。

聞きたいことを聞きたい順に話す

プレゼンにおけるロジカルな伝え方の一番のポイントは「相手が聞きたいことを聞きたい順に話す」ことです。以下の3点を意識すれば、相手に伝わるロジカルな伝え方になります。

①まず全体像を伝える。
②早めに結論を伝える。
③相手の興味関心に応える（時間を使う）。

①と②は伝える順番です。よく「結論を先に」と言われますが、例外があります。それは結論を聞いてしまうと、その後の話が相手の頭が入っていかないような場合で、そのときは結論を後回しにすることがあります。

極端な例でいうと、会社の業績が思わしくない状況で「もうこの職場がなくなります」と聞くと、その後はざわついて話が伝わらなくなってしまいます。よって、先に状況を伝えます。状況が厳しくなっていることが伝わったあとに、「会社を閉鎖します」と言えば、受け入れやすいでしょう。

通常のプレゼンでは、あまりそうした内容はないでしょう。原則として、ロジカルな伝え方は相手が聞きたいであろう「全体像と結論を早めに」ですが、聞いている人の感情に配慮するときは「遅めに」のこともあるということです。相手がショックを受けたり、拒絶を示したりする可能性のある内容は、全体像や結論をプレゼンの後半に伝えることで、受け入れる準備を促す場合もあります。
「目の前にいる相手」の興味や関心を把握しながら話を展開してください。

相手の注意が散ってしまう悪い状態

「相手に理解してもらう」という合目的に立ったときには、相手が説明に集中できるように気をつけてください。以下のような悪い状態を減らすことが大切です。

悪い例

- 「えー」「あー」（フィラーと言います）などの不要な発声が多い。
- 声量が小さい、発声が不明瞭なので聞き取りづらい。
- 「すみません」を連発する。
- 聞き手に視線を向けていない。
- 手や足、体をフラフラさせる。

どれもいわゆる「悪いクセ」ですね。

しゃべるときのクセで、話し始めや話の区切りで「えー」「あー」と発声する人が多くいますが、こうした雑音が入ると、相手に理解していただくという目的が達成しづらくなります。また、「すみません」を連発する人もいますが、これでは信頼性が損なわれてしまいます。

聞き手に視線を送らず、スライド画面だけを見ている人もいますが、適切に聞き手を見なければ説得力をもちません。ポケットに手を入れたり、体を揺らすのもクセの1つですが、そうしたムダな動きは聞き手の集中力を削ぐので注意しましょう。

伝わるプレゼンを行うノウハウとして大切な点は、相手をイライラさせないこと。それを実現するためには、この5つはよくないのです。

こうした自分のクセを直すには、録音・録画をして自分で確認すること、そして他者の意見が重要です。

自分のプレゼンを録画しておき、クセを知って修正します。さらによいのは他者に指摘してもらうこと。人に言ってもらわなければ、自分ではクセが当たり前になっていて、なかなか直せないかもしれません。

私自身の経験でいえば、研修の講師を始めた当初は、「語尾がはっきりしていない」、「構造的に話せずに「同じようなことを繰り返している」「話が行ったり来たりしてしまう」ということがありました。それが経験を積むことで徐々に直ってきました。ただし、場数を踏んでも直らない人も多くいます。やはり意識して直す努力をしなければうまくなりません。

目的を意識して考える、構造的にしゃべるなどロジカル思考を当てはめることで、自信がついて話し方も改善していきます。

「つなぎ言葉」を適切に使うことも、上手な伝え方のノウハウです。

スライドや資料を1枚ずつ順に説明していると単調になってしまって、相手が内容の全体像を見失うことがあるので、「つなぎ言葉」で注意をひきつけます。つなぎ言葉には次のような役割があります。

区切る：「ここまでは、～という話でした。ここからは……」

位置づける：「このスライドは、最初にお伝えしたコストの詳細です」「先ほどご質問があった点に似た話が、次のスライドに出ています」

ロジカルな説明のポイント

ロジカルなプレゼンの見本を示しておきましょう。テーマは「社内の新しい人事制度に関する説明会について」です。

> 本日はお忙しいところお集まりいただきまして、ありがとうございます。
> 本日お伝えするのは来年4月から導入される人事制度の概要です。
> ポイントを絞ってお伝えいたします。時間は45分間です。
> 30分間の説明のあと、質疑応答が15分間ございます。

このように、**最初に全体像を伝えることで、相手は安心して聞く準備ができます。**

> 新しい人事制度のポイントは3つあります。
> 1つ目は、年次の目標に挑戦的な仕事を必ず入れること、です。

2つ目は、昇給と賞与を決める評価手法の簡素化、です。
3つ目は、転勤を伴う異動を減らすこと、です。

早めに結論を伝えることで、内容を理解して聞く準備ができます。

本日、お集まりのみなさまは営業本部の方たちなので、営業に関することを中心にお伝えいたします。
まず、営業の目標設定として変わる点は自身のチャレンジテーマを書く欄が追加になることです。よってその数値と納期について……

聞き手の興味や関心に合わせて順番や時間配分を調整することが大切です。

「ロジカルなプレゼンテーション」のまとめ

●プレゼンテーション全体の設計図を明確でわかりやすく、有益なものにすることが重要。

●スライドがロジカルでわかりやすければ、相手の理解度が増し、不要な質疑応答を減らすことができる。

●わかりやすい伝え方かどうかを決めるのは相手である。相手の興味や関心を把握し、「相手の聞きたいことを聞きたい順に」伝える。

よい会議・ダメな会議

読者の皆さんも、ご自身が会議やミーティングを開催したり、進行したりすることがあるかと思います。「うまくできた」と思えるとき、「進行に手間取ってしまった」と感じるときがあるでしょう。

会議にもロジカルな会議とそうでない会議があります。

よい会議はロジカル思考にのっとり、事前に必要事項が設計されている会議で、ダメな会議は非ロジカルで事前の設計が不十分な会議です。

よい会議とダメな会議の違いを見てみましょう。

〈よい会議〉

●会議の目的が明確である。

●成果物が予定通りにできる。
●準備物が整っている。
●出席者に過不足がない。
●進め方が合理的である。

〈ダメな会議〉
●目的が不明瞭、あるいは出席者に伝わっていない。
●成果物が事前に決まっていないので、議題を詰め切れない。
●準備物が足りず、次回に持ち越しになる。
●出席者を誰にするべきか、あいまいに決めている。
●**議題**に関係しない議論が多い、あるいは必要な議論をしていない。

事前に5点を設計する

効果的・効率的なよい会議を行うためには、事前に以下の5点を設計する必要があります。

①開催目的。
②終了時の成果物。
③用意するもの（準備物）。
④出席者の選定と事前案内。
⑤進め方の工夫。

開催目的は、たとえば「来年度の販売計画」などと明確にします。この場合、終了時の成果物は「開発と営業における開発内容の合意」などです。

その目的を達成するためには誰に参加してもらわなければならないかを定め、事前に、「今回は必ず合意まで進みたいので、十分なご検討をお願いします」、あるいは「今回は内容の説明が中心となりますので、とくに準備していただくものはありません」などと案内します。そして、目的の達成を意識して会議の流れを決めておきます。

会議をスムーズに進行させるうえでは、適宜次のような問いを活用します。

「決めるべきことは何ですか？」

「何がわかれば決まりますか？」

「これは決定事項でよろしいですか？」

「気がかりな点、心配な点はありますか？」

「次回はいつ開催し、それまでに誰が何を用意しておく必要がありますか？」

これらの問いを、状況によって言い方、言い回しを考えて使います。

会議にかかる時間とは？

会議に関する要素は次の式で表されます。

会議時間×会議回数×出席者数＋会議の準備時間（事務局＋出席者）

1回の会議に何時間が適切か、求める成果物を得るために何回の会議が必要になるのか、出席者の数は何人か、これらの最適な数字を考えます。

この式に「出席者数」が入っているのは、適切な人員と数であるかどうかを確認するためです。関連のない人が入っていれば、その人の仕事時間をムダにすることになりますし、会議の目的を達成するために必要な人が入っていない場合は、その会議時間がムダになることもあります。

会議のための時間を最適化するためには、合目的を意識してこれらの要素それぞれの数値を決める必要があります。合計時間が目的に対して最小限の時間であることが望ましいといえます。

「ロジカルな会議」のまとめ

- よりよい会議にするために、①目的、②成果物、③準備物、④出席者、⑤進め方の5点をしっかりと設計する。
- 効果的に会議を進めるために「適切な問い」を活用する。

5 ロジカルな議事録

正しい情報を参加者と共有する

2人以上の人が情報や意見を交換する目的で、会議、打ち合わせ、ミーティングなどを行ったときには、その内容をまとめた議事録を作成する必要があります。

議事録を残しておかなければ、さまざまな不都合があります。

参加者がやりとりの内容を忘れてしまって次の仕事が進まない、間違った方向に仕事を進めてしまう。あとで「言った、言わない」の問題が発生するかもしれません。不参加の関係者には、決まったことを正確に理解できない、情報不足となって関係する仕事を正しく進められない、などの不都合が生じます。

それによって、社内の仕事だけでなく、対外的な仕事も効率的に進まなくなってしまうおそれがあります。2、3人の少人数の打ち合わせでも、簡潔なメモを作成して、参加者と関係者で共有することが望ましいのです。

ここでは、実際の会議の発言と、その議事録の見本を示すので参考にしてください。テーマは、「新卒採用活動の方針」です。その背景は以下のとおりです。

通信機器の部品を製造、販売するマキシ電機では、毎年20名の新卒採用を行っています。昨年度までの新卒採用の結果を踏まえて、今年度の採用活動を計画するための会議を行いました。

会議（2025年5月28日、14時〜14時30分に開催）**の概要は次のとおりです。**

●今年度の新卒採用に関する第1回の打ち合わせ。
●参加者は人事部人事課のA主任（採用担当）、B主任（育成担当）、Cさん（先月、人事課に異動してきた若手）の3名です。

以下が会議「新卒採用活動の方針」の内容です。5月28日 14時〜 人事部内M会議室にて。

Aさん：お疲れさまです。少しタイミングが早いけど、今年度の新卒採用の進め方を話し合いましょう。
Bさん：課長が先週の課内会議で「技術系職種の応募者を増やす」と言っていた件ですね。
Aさん：そうです。部長から来た方針で、今年度の重点施策になるようです。
Bさん：となると、昨年までの技術系の採用活動がどうだったのか、という確認が必要ですね。
Aさん：ええ、いったんこの件だけ方向性を決めてくれればいい、と課長が言っていました。
Bさん：Cさん、今日の打ち合わせの内容をメモしておいてもらえますか？
Cさん：わかりました。私は技術系ではありませんが、うちの会社の新卒採用は改善の余地があると思っています。
Aさん：あ、そうなのですね、たとえばどんな点で？
Cさん：インターンシップ（以下、インターン）に参加していない技術系の学生は、内定を出しても入社する割合がとても低いようなのです。
Aさん：ああ、それはデータがありますよ。内定を出した技術系の学生のなかで、インターン参加者は9割が入社していますが、インターンに参加していない学生の入社率は3割です。
Cさん：やはりそうなのですね。原因はわが社の製品や生産方法などが学生にわかりづらいからでしょうか。
Bさん：そうだと思います。実際に内定を辞退した学生からも、働くイメージがもてなかったと言われています。
Aさん：課長もそのあたりの状況は理解しているので、インターン経由を強化する、で検討してみましょうか。
Bさん：そうですね、インターン経験によって当社の製品や仕事について理解を深めてもらうのが効果的と思います。
Cさん：進め方の方向性はインターンの応募者を増やす、でよいですか？
Aさん：はい、1つはそうですね。もう1つあって、それはインターン参加者のうち実際に応募する学生の割合を高める、ということです。

Cさん：そうですよね。インターンに参加したけど応募しない場合、うちとしては残念ですものね。
Bさん：そうそう。その2つでいきましょう。
Aさん：わかりました。今日、細かいことを詰めるよりも、課長との会議に向けて何を調べておけばよいか、決めたいですね。
Bさん：はい。私が育成の仕事で新入社員に確認した「入社後に感じたインターンの改善点」という資料があるので、その内容を簡単にまとめてAさんとCさんにメールしますね。
Aさん：ありがとうございます。とくに技術系の学生に関して情報をお願いします。私は会社説明会からインターンに応募した割合と人数、インターンに直接応募してきた人数など、数値面で分析してわかったことをBさんとCさんにメールしますね。こちらも技術系の学生を意識してまとめます。
Bさん：ありがとうございます。お願いします。
Cさん：いつまでに送っていただけますか？

Aさん：そうですね、5月31日の17時までとさせてください。Bさんも大丈夫でしょうか。お互いのメール内容を見たうえで必要に応じてもう一度この3人でお打ち合わせをしましょう。
Bさん：わかりました。その期限でメールします。
Cさん：この打ち合わせの内容で決定ということでよいですか？
Aさん：いや、今日の内容について課長に承認をもらう必要があるので、その会議を6月4日に設定してあります。
Cさん：そうなのですね、では今日の内容を議事録としてAさん、Bさんにメールで送りますのでご確認ください。
Bさん：助かります。では、6月4日は私たち3人と課長で話し合うということで、よろしくお願いします。そろそろ30分が経ちますので、今日はこれまでとしましょう。

以上が会議の内容です。この会議の議事録をメールで関係者に送ります。そのタイトルと中身はどのようなものになるでしょうか。以下がその回答例です（図18）。

図18 情報を正しく共有できる議事録の例

2025年6月○日

【確認のお願い】議事録：5/28新卒採用方針打ち合わせ

以下、ご確認をお願いいたします。

・**内容**：今年度の新卒採用の進め方について（第1回打ち合わせ）。
・**日時と場所**：2025年5月28日、14時から14時30分までM会議室にて実施。
・**出席者**：人事課のA主任、B主任、C（記）の3人。

1. 結論：技術系職種の応募者を増やすために以下の2点を行い、インターン経由を強化する。
①インターンへの参加者を増やすこと。
②インターン参加者における応募率を高めること。

2. 結論に至った理由：打ち合わせのなかで確認した以下の2点である。
①部長方針により「技術系職種の応募者を増やす」という人事課長からの指示がある。
②インターン参加者は入社率が高く「インターン経由の応募者の重要性」は課長も理解している。
（内定者における入社率：インターン参加者は9割、インターン不参加者は3割）

3. 今後の進め方：6月4日に課長を含めた4人で打ち合わせをして、技術系職種の新卒採用に関して、進め方の確認をして課長から承認をいただく。また、5月31日17時までに以下2点を、とくに技術系学生の応募者を意識して行う。
①A主任が「会社説明会からインターンへ応募した割合と人数、インターンに直接応募してきた人数など、数値面の分析結果」をメールでB主任とCに共有する。
②B主任が「入社後に感じたインターンの改善点」から情報をまとめて、メールでA主任とCに共有する。

4. その他：上記3のメール共有の内容次第で今回の3人でもう一度、6月4日の前に打ち合わせを行う。

以上です。

4つの要素で内容を確認する

この議事録の回答例は、次のようなロジカル思考に基づいています。

合目的：何のため、誰のための議事録なのかを意識する。
構造化：項目、情報ごとに分けて整理する。
論拠：結論に至った理由や事実を明確にする。
網羅：情報の漏れを防ぐため、関係者に確認したり、職場で使用しているフォーマットを活用する。

構造化は、先に説明した「ロジカルなメールの書き方」と共通します。
議事録を書くときには、ロジカルを意識し、書き終わって送信をする前に、内容がロジカル思考に適っているかを、この4つの要素で確認します。
議事録でもっとも大切なポイントの一つは、「決定事項がどうして決まったか、理由を明確にすること」です。どういう論拠でそれが決まったのか、あるいは否定されたのか、結論に至った理由を明確にしておくことが重要です。

議事録を読んで、「私はそんなことは言っていない」「私の発言の意図はそうではなかった」などという意見が出るかもしれません。そのため、「議事録の内容に不備がある場合は、◯◯（期日）までにご連絡ください」と加えておくのがよいでしょう。

「ロジカルな議事録」のまとめ

- 会議の内容を議事録として適切に記述し、出席者、関係者で共有することで、仕事を効果的に進めることができる。
- 議事録は情報の整理であり、ロジカル思考力を使ってわかりやすく価値がある内容にまとめる必要がある。
- 書き手の目線ではなく、出席者、関係者にとって役に立つ議事録に仕上げる。

上司に説明するための資料を作成する

ロジカル思考を活用すれば、適切な情報整理ができるようになります。そして**情報整理のノウハウはメール文や議事録の作成にも応用できます。**

実際に次のテーマで、情報整理を行ってみてください。

あなたは会社の総務担当として、仕事で使うスマートフォン（スマホ）の選定をすることになりました。1機種を選び、自分の案として上司に説明する必要があります。

あなたはまずはインターネットを使って情報を調べました。そして、より確実な選定を行うために、実際のユーザーの声も参考にしたいと思い、ITやスマホに詳しい社員に集まってもらって意見を聞きました。

以下の情報や会話の内容を整理して、「現時点での結論」を上司に対して説明するための資料を作成してみましょう。

【インターネットなどから収集した情報】

●「マイペリア（M）」「アットフォン（A）」「キシオ（X）」「インタッチ（I）」の4機種が一般的に使用されている。

●4機種について、それぞれ最新機種が3カ月ほど前に発売されており、その特徴は以下のとおり。

マイペリアは価格3万6000円、最大待受時間120時間、重さ160グラム

アットフォンは価格8万8000円、最大待受時間300時間、重さ200グラム

キシオは価格4万2000円、最大待受時間220時間、重さ130グラム

インタッチは価格4万8000円、最大待受時間230時間、重さ160グラム

【会社メンバーからの収集した情報】

Aさん：私はマイペリアを使っているんですが、バッテリーがすぐになくなってしまいます。カタログの最大待受時間を見ると問題ないように感じるかもしれませんが、最大待受が150時間以下の機種を仕事で使うのは難しいと思いますね。

Bさん：安心して仕事で使うためにはバッテリーが長持ちすることは必須の条件でしょうね。

Cさん：私もバッテリーが最重要であると思いますね。その次は重さでしょうか。

Bさん：いや、会社の立場で本当に重要なのは安全性、いわゆるセキュリティですね。ただ、スマホの安全性はアプリで管理するので、いま検討している4機種であればどれも問題ありません。

Aさん：そうですね。安全性に問題がない前提では、現場の目線だとバッテリーの次は重さが大切と思います。

Bさん：重さは150グラム以下が負担が少ないです。私はキシオとアットフォンの2台を使っていますが、キシオは軽くていいですよ。性能だけみればアットフォンのほうが優秀ですが。
Aさん：キシオは軽くていいですよね。
Cさん：私の使っているインタッチも悪くはないと思いますよ。それほど重くないし、連続して使用してもバッテリーは問題ないと感じています。
Aさん：私も予算が許せばインタッチは選びたい機種の1つでした。
Bさん：そうなんですね。キシオは連続使用時のバッテリーにも不満はないですし、キシオもおすすめです。
Aさん：はい、それは理解できます。キシオは価格も比較的安いし。
Cさん：アットフォンが高いのは、カメラの性能が非常に優れているのと、動画の処理が速いからですね。
Bさん：はい。もちろん価格は重要でしょうが、これは現場では何とも言えないですね。

Aさん：そうですね、さすがにアットフォンみたいに9万円近くになると高すぎると感じます。
Cさん：価格については、予算に応じて総務のほうで考えてください。

以上があなたの収集した情報です。これらの情報を整理します。

「四角形」で情報を構造化する

ここでは、「四角形」を使って情報を整理してみましょう。

情報を比較するときは表で整理するのが適切です。情報を構造化し、論拠を整え、漏れに注意して表を作成します。

候補機種に漏れはないか、耐久性などの観点に漏れはないかなどに注意します。また、検討の信頼性を確保するために情報の出所も明らかにします。

こうして条件を整えたのち、4つの機種を、待ち受け時間、重さ、価格、安全性という4つの観点で、正しい論拠に基づいて比較検討します（図19）。

図19　情報をまとめるときは、論拠を整え、構造上の漏れに注意する

現時点、キシオを推奨する。
理由としてキシオは軽くて
連続して使用できる時間が比較的長いため。
※最新の各機種は安全性に大きな問題なし

＼推奨する機種／

	マイペリア (M)	アットフォン (A)	キシオ (X)	インタッチ (I)
最大待ち受け時間	× 120時間	○ 300時間	○ 220時間	○ 230時間
重さ	△ 160g	× 200g	○ 130g	△ 160g
価格	○ ¥36,000	× ¥88,000	△ ¥42,000	△ ¥48,000
安全性	スマホのセキュリティはアプリで管理するため、4種類とも大きな問題はない			

高 ⇔ 低：現場から見た優先順位
問題なし

出所）インターネットでの調査／会社にいる各機種の利用者からヒヤリング

ポイント　候補となる機種に漏れはないか？

ポイント　耐久性など、観点に漏れはないか？

ポイント　○×△には論拠が必要である。

ポイント　情報の出所は証拠の説明になる。

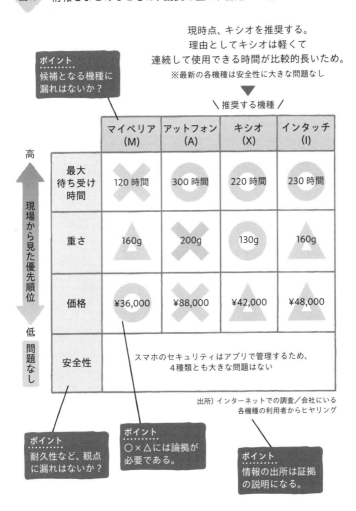

評価をそれぞれの観点で○△×で行えば、どの機種がもっともふさわしいかがわかります。

「ロジカルな情報整理」のまとめ

- 情報を整理する目的を明確にしたうえで、重要項目をわかりやすく構造化する。
- 相手が内容を判断するときには、「論拠は適切か?」が求められる。
- 「漏れは怖い」という態度で、項目が網羅されるように合目的を意識しながら必要に応じて追加の情報収集を行う。

7 ロジカルな問題解決

4つの段階で進める

問題の解決を行うとき、ロジカル思考を活用すれば効果的な検討ができます。

問題解決においては、まず「目的は何か」を明確にします。目的を起点に検討を進めることで、問題の状況や程度を把握して解決策の方向性を適切に設定できるのです。

このプロセスは、ロジカル思考における「合目的」と一致します。問うべきことは、「この問題解決で目指す状態は何か」です。

そして「構造化」によって、問題を分けて整理し、内容を構造的に理解して、とくに重要な問題点を明らかにします。そして、問題点を特定し、原因を考えていくときには、「論拠」や「網羅」が不可欠です。

具体的な進め方を説明しましょう。

ロジカルな問題解決の検討は、**「目的」**↓**「問題」**↓**「原因」**↓**「対策」**の4つの

流れで進めます。

①目的：めざすのはどういう状態か？
②問題：不具合はどうなっているのか？
③原因：なぜその問題は発生するのか？
④対策：どのように原因を解消するか？

目的と目標の定め方　①目的

まず、問題解決の目的を明確にします。そのコツは次の3つです。

- 上位方針を確認する（部門の方針や上長の方針は何か？）。
- 自部署と自分の役割を考える（周囲から期待されていることは何か？）。
- 何を・いつまでに・どの程度、で考える（具体化する）。

仕事の目的に具体的な目標を設定することで、仕事の進捗管理ができるようになります。業務別に「目的と目標の定め方」の例を挙げておきましょう。

営業担当であれば、
目的：担当顧客との関係を強固にしながら売上を伸長させている状態。
目標：担当顧客の売上を、今期末までに対前年比110％を達成する。

開発担当であれば、
目的：担当機種Aの開発における仕様Bの改善を実現している状態。
目標：担当機種Aの仕様Bの充足率が、今期末までに80％達成されている。

労務担当であれば、
目的：担当の育休制度について取得手順が社員に周知され適切に取得されている状態。
目標：全社員において育休対象者の育休取得率80％が、今期末までに達成され

図20 目的設定シート

項目	記入欄	要点(参考)
①部門の役割		部門が担っている業務内容
②課・グループの役割		課・グループが担っている業務内容
③問題解決のテーマ		今回設定したテーマが何かを簡潔に
④テーマの重要性		1)設定したテーマがどのように部門、課、グループの役割に関係しているのか 2)解決しないと、どういう悪影響があるのか 3)解決することで、どんな良よい影響があるの
⑤テーマに関する期待		テーマに関して上長から期待、指示されていること
⑥問題解決の目的と目標		・問題解決時の状態 ・「何を、どれだけ、いつまでに」実現するのか

①〜⑥の順番に、要点を参考に書き込んでいくと、
目的と目標が明確になりやすい。

ている。

経理担当であれば、
目的：全社の資産管理において、計上や廃棄が適切に実現されている状態。
目標：全社で廃棄が必要な資産について、今期末までに廃棄率100％を達成している。

このように、目的と目標を定めるときには、「目的設定シート」を使って、それぞれの項目ごとに考えると設定がしやすくなります（図20）。

「問題」を見定める　②問題

「目的」（めざすのはどういう状態か？）が定まったら、次に「問題」（どうなっているのか？）を見定めます。

問題は何か？　どうなっているかを見定めるコツは3つあります。

●問題を定義する（目的、目標に照らして決める）。
●問題を要素で分解する（客層・商品・時間帯、あるいは手順など）。
●取り組むべき問題を特定する（影響度と改善の余地が高いもの）。

適切な目的（めざす状態）について、現状と比較して問題を定めます。目的と現状の差が問題です。以下のように考えます。

●「目的・ゴールに対して何が問題か？」と考える（足りないこと・不具合）。
●この問題が解決したら目的が達成できるかどうか、考える。
●目標値があるなら現状との差分を見る（何を？　どの程度？　いつまで？）。

問題の定め方を、実際に1つの例で考えてみましょう。

あなたは、A駅の近隣にあるカジュアルなイタリアンレストランのオーナーから「最近、売上が低下してきて困っている。どうすればいいだろう？」と相談を受けました。これに対してどう返答しますか？
イタリアンレストランは席数30で、パスタの平均価格は８００円、ピザの平均価格は９００円です。
この問題を効果的に解決するには、まずオーナーに対して何を確認するのがいいでしょう？　以下Ａ～Ｄのどれから確認をスタートすべきでしょうか？

Ａ：メニューやサービスを見直すのは？
Ｂ：味に飽きられているとか？　高いとか？
Ｃ：何の売上がどのくらい低下しているのか？
Ｄ：どのくらいの売上向上が必要なのか？

飲食店経営の経験者がよく言うのはＡです。いきなり打ち手を提案します。「イタリアンだったらこういうのがいいよ」「今こういうパスタが流行《はや》っているよ」とアドバイスします。しかし、それはその人の経験であって、今の状態に合うかどうかわかりません。

Bは原因を探ろうとしています。Cは問題を確認しています。Dは目的や目標を確認しています。

問題解決においては、目的の設定を第一に行わなければならないので、正解はDです。

売上が低下して困っているという話ですから、どのくらい必要なのかをまず聞かなくてはいけません。**「このくらいの売上が必要だ」とわかれば、そのためにどういう施策をとっていくべきだろうかと思考を進められます。**

私が行う研修の場で、参加者に「問題を解決するときに重要なことは何か？」と問うと、「しっかり話し合う」「ルールを守る」「あきらめずにやりぬく」といった答えが返ってくることがあります。どれも重要なことですが、ここではロジカル思考にのっとって、合目的、構造化、論拠、網羅の4要素で情報を整理しながら効果的な解決策を導いていきましょう。

「原因」を分析する ③原因

図21 問題はどこにあるのか？　どこどこ分析と網羅

イタリアンレストランの売上減少問題のどこどこ分析

料理を網羅

時間帯を網羅

		ドリンク	パスタ	ピザ	メイン	その他
平日	昼					
	夜			売上低		
休日	昼				売上低	
	夜					

実際に検討する際は、数値や変化を入れて
問題がどこにあるのか論拠を示す必要がある。

問題解決における検討手順は、先に示したとおり、「目的」→「問題」→「原因」→「対策」と進めていきます。

目的：めざすのはどういう状態なのか？
問題：どうなっているのか？
原因：その問題はなぜ発生するのか？
対策：原因をどうやって解消するのか？

イタリアンレストランの例では、「目的」は売上の向上です。オーナーにめざす売上を聞いて、それを達成するために「問題」を探ります。具体的に問題を要素分解（網羅）して、とくに問題だといえる部分を特定していきます。

たとえば、４つの時間帯における料理の種類別の売上を、表で整理します（図21）。

このような表によって、いつの時間帯にどの料理の売上に問題があるかがわかり、「売上が下がっているのは○○に問題がある」からだという論拠を示すことができます。

原因を分析するコツは３つあります。

●原因を幅広く考える（網羅性・いろいろあるよね）。
●原因を深く考える（なぜかな、なぜかな）。
●原因を自責で書き直す（他責で終わらない）。

このイタリアンレストランに関しては、原因は次のように検討できます。

問題は「平日夜のピザの売上が大きく落ちている」ことでした。その原因を探っていくと、「売上単価が下がった」と「売上数量が落ちた」の大きく２つの原因があり

図22　なぜなぜ分析の基本構造

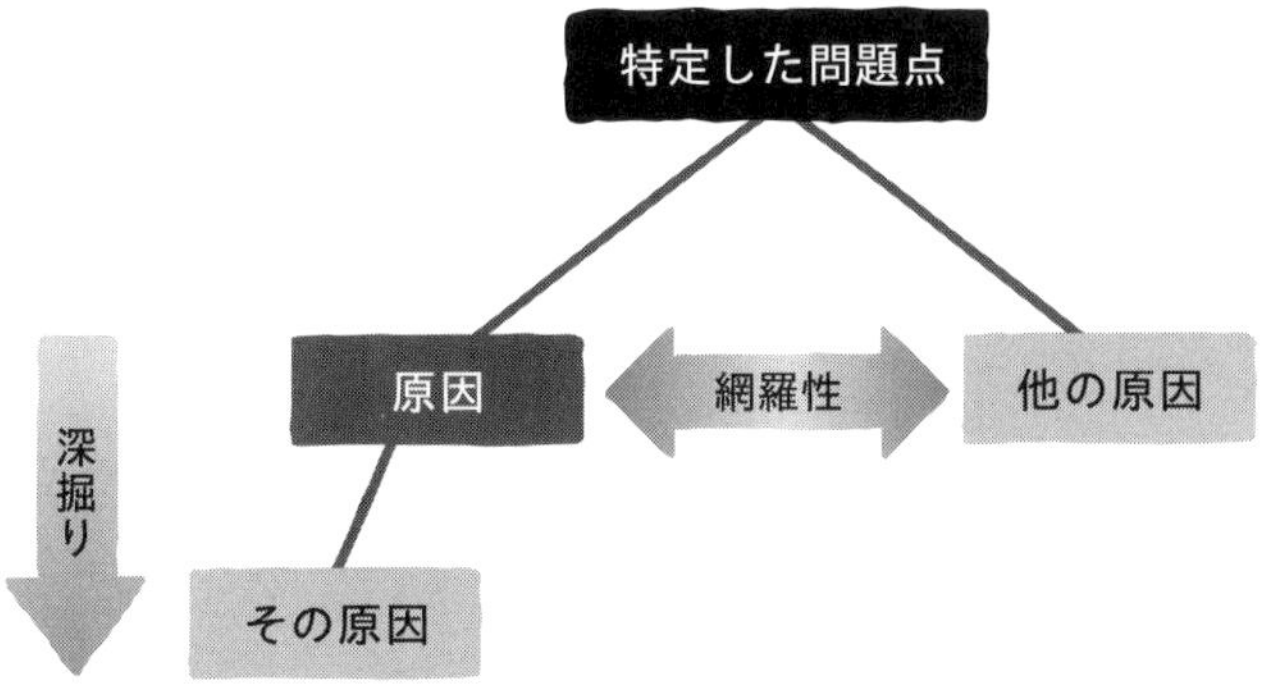

１つ原因を考えたとき、「ほかの原因は？」が網羅性であり、
「その原因は？」が深掘りである。

ました。

✦「なぜなぜ分析」「自責」「だから」

続いて２つの原因を「なぜなぜ分析」（問題の根本原因を見極めるために「なぜ」を複数回繰り返し、ロジックツリーのような形で深堀りしていく分析手法）を使って、深掘りします（図22）。

たとえば、この例では、「売上単価が下がった」のは「低価格のピザが人気」「割引券が影響している」と考えられ、さらに「低価格のピザが人気」なのは「具の少ないピザが人気」、「割引券が影響している」のは「ピザの割引幅が大きい」

ことだと考えたとします。
まず、「売上数量が落ちた」のは「ピザの味が落ちた」と「ピザを注文しづらい」ことが考えられます。さらに「ピザの味が落ちた」のは「ピザ調理担当者が代わった」「ピザを注文しづらい」のは「メニュー表の構成を変更したから」が考えられます。

このように**原因を深掘りしたあとには、「だから」と「自責」の視点でチェックして改善をはかります。**

「だから」チェックとは、下のほうにある原因から「だからこうなる」「だからこうなる」と言いながら、上に登って因果関係が正しいかどうかをチェックする方法です。「なぜなぜ」が正しければ「だから」で戻れる、ということです。

「自責」チェックとは「自分ができることを考えていく心構え（マインド）」でしたね。問題を検討するとき、自分ができることを考えずに、他人が悪い、他部署が悪い、お客様が悪いと考えていたら、問題は解決しません。自責は問題解決にとって不可欠です（図23）。

たとえば、「具の少ないピザが人気」であれば、これは流行であり、自分では解決

図23 なぜなぜ分析で問題の原因を追及する

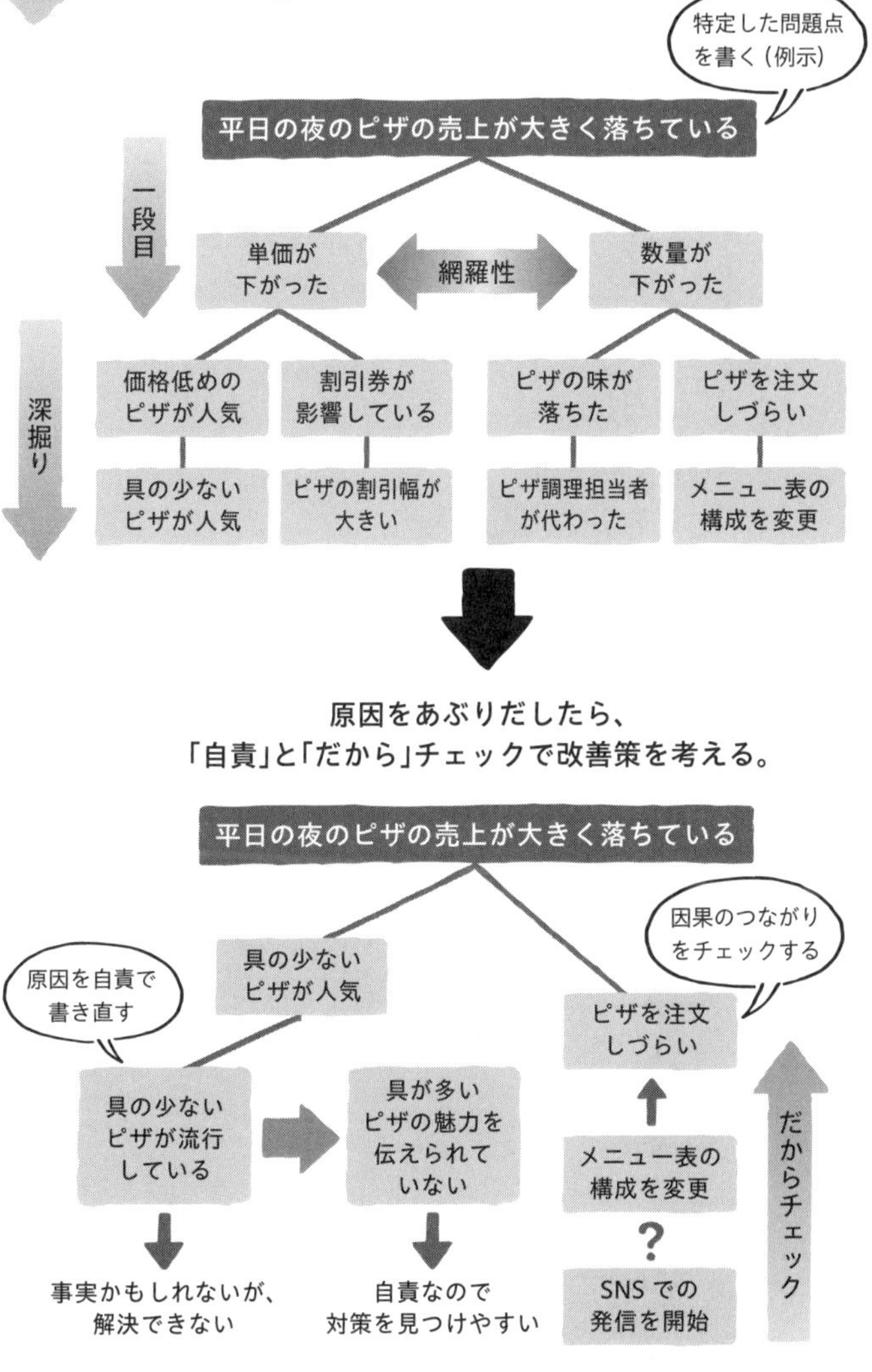

できませんから、「具の多いピザの魅力を伝えられていない」と考えて対策につなげます。

処置思考ではなく対策思考を使え ④対策

前項までで「目的」→「問題」→「原因」→「対策」のプロセスをある程度理解できたでしょうか。架空のイタリアンレストランの例でこれ以上対策案を考えてもさほど発展性がないので、ここからは対策案を考える際の大事なポイントについて、事例とともに詳しくお伝えします。

まず、ビジネスの問題への対処には2種類あることを理解してください。2つに区分けして考えるのです。分けて整理するわけですからロジカルですね。

仕事は「処置」と「対策」に分かれます。処置は短期での目の前の対応、対策は長期で調べて考えて実施すべきことです。

処置（短期）：やるべきことが決まっている／目の前の対応。

対策（長期）：調査・検討を行って、実施すべきこと。

火事を例にとると、処置は消火で、対策は防火です。火事が起きたとき消火も防火も両方とも大切ですが、消火が短期での対応、防火は長期での対応となります。

そして、処置においてはロジカル思考が重要ではないことが多いものです。たとえばすぐやる、ルール通りにやる、反応する、といった具合です。反対に対策においては目的の設定、問題の把握と原因の確認、対策の実行とロジカルな検討が不可欠になります。ロジカルに検討することで長期的に効果のある対策を見つけることができるのです。

ここで人間が動物としてもっている考え方である、処置思考について説明します。処置思考とは、起きたことに反応する、ルールや指示に従って行動する、という考え方です。反応と本能で動く、といってもよいです。この処置思考は処置を行うときに便利です。火事のときに素早く適切に動けるのも処置思考があるからです。

しかし、この処置思考だけで仕事を続けていると、いろいろとまずいことが発生します。

処置思考では、上司やお客様の言っていることや、周囲で発生したことだけに対応、「どうしようか？」とやることばかりを考えます。これが続くと人材や会社はどうなると思いますか？

処置思考のワナ、と呼ばれる状態に陥ってしまうのです。ワナですから落ちやすく抜けづらい。その処置思考のワナには以下のような特徴があります。

●前向きに見える。
●やりがいがある。
●短期的には評価される。

確かに消火作業、トラブル対応など、頑張る仕事を続けているとこのようなことになりますね。そのため、

●環境変化に合わせた解決策を考えられなくなる。
●有効な予防策や先手が打てず、問題に対して後手に回る。

●自ら考えて動く人材が育たない。

という結果になってしまいます。

✦家電メーカーの処置思考と自動車メーカーの対策思考

実際、そのようなワナはなぜ発生するのか、私の経験から説明します。

私が新卒で三洋電機に就職した1996年ごろ、世界で活躍する日本のグローバル企業といえば家電メーカーと自動車メーカーでした。そのころ海外に行くと、街中の看板には三洋、シャープ、東芝といった日本の家電メーカーの看板がたくさんありました。また、同じく日本の自動車メーカーであるトヨタ、ホンダ、日産、マツダといった日本車が海外でたくさん走っていました。

ではその後、30年ほど経ってこの2つの業界はどうなったのか？　家電メーカーはボロボロになってしまいました。三洋はなくなりました。その他の家電メーカーも1990年代の輝きはなく、経営方針として家電以外の分野に力を入れている会社が多くなりました。日本の家電という分野は国際的には衰退したといってもよいでしょう。

一方で自動車メーカーは今も強い会社が残っています。この差はどこから生まれたのか？

1ついえることは、家電メーカーはどこも処置思考でした。理由は日本の高度成長期を半年ごとのモデルチェンジで乗り切って競争し、発展してきたからです。半年ごとに次の冷蔵庫は？　次のテレビは？　次の洗濯機は？　と社内がグルグルと処置思考で回っていました。がんばれば問題は解決する。前向きにやろうよ。そういう雰囲気でした。これは三洋だけではありません。

一方で自動車メーカーはどうだったか。自動車は製品開発を2年、4年、8年と長期の視点で行います。モデルチェンジが数年ごとなのです。また、問題解決がしっかりできないと人命に影響する可能性もあります。したがって、自動車メーカーにはロジカルに問題解決を行う文化があり、処置思考を避けるための人材育成が徹底されているのです。

このことに気づいたのは、研修講師になってトヨタ自動車の研修を担当したときでした。家電メーカーと自動車メーカーの人材育成はこんなに違うのか。驚きました。

日本の家電メーカーは処置思考のワナに落ち、抜けることができずに衰退した。誰もサボっていなかったのに、ワナに落ちたまま海外のメーカーに負けてしまった。これが実態だと思います。

✦「処置」と「対策」の代表的な例

あなたの会社が、そしてあなた自身が処置思考のワナに陥らないためにも、ビジネスにおける問題を処置と対策に分けて考えてください。そして、対策についてはロジカル思考で検討できるようにしましょう。

処置と対策の代表的な例は次のようなものです。

〈処置〉

- 発生したので対応する。
- 言われたからやる。
- 問われたから回答する。
- 呼ばれたから参加する。

●決まっているのでやる。

〈対策〉

●問題が発生しないようにする。
●お客様が満足する製品・サービスをつくる。
●会社に役立つシステム・制度を導入する。
●他者も使えるマニュアルを作成する。
●経営計画に貢献するプロジェクトを運営する。

短期的な対処である処置においては、ロジカルな問題解決の検討が不要なこともあります。長期的な対処である対策においては、しっかりと情報を集めてロジカルに問題解決を検討することが必須です。

「対策」のつもりが「処置」になっているケースも…

仮に30年前の三洋電機の経営者に「長期目線でロジカルな問題解決をしていますか？」と質問したら、「もちろんしているよ」と答えると思います。大企業であれば、自分の判断がロジカルではないと認識している経営者はいないでしょう。**怖いのは、ロジカルではなく処置のように浅い考えで対応しているのに、それに気づいていないこと**です。

現場の社員からしたら、まさか経営陣が処置のようなロジカルではない判断をしているとは思っていません。だから現場では指示を信じて実行していく。しかし、その指示は処置のように短期的なものでした。

実際に三洋電機という会社がなくなったわけですから、経営においてロジカルな検討が足りなかったと言わざるを得ないでしょう。

対策を処置のように短期の目線で行うのは怖い。これは私が得た教訓です。

「ロジカルな問題解決」のまとめ

- ロジカルに問題解決を検討するためには、目的・問題・原因・対策の構造を活用する。

●短期的な仕事である処置においては、ロジカルな問題解決の検討が不要なこともある。

●長期的な仕事である対策においては、しっかりと情報を集めてロジカルに問題解決を検討することが必須である。

あとがき

話がわかりやすくて仕事が早い人へ

私はこれまでに仕事と旅行で世界91カ国を訪れました。

この経験からいえるのは、日本は素晴らしい国であるということ。自然も人も文化も豊かさに満ちています。一方で安全、安心、快適、便利な日本は経済的に競争力が低下しています。GDPという経済規模が相対的に小さくなるだけでなく、1人あたりのGDPが落ち続けています。

この事実に向き合い、人生を懸けて課題に取り組みたい。これが私の想いです。

私は研修講師の仕事を通じて、日本経済の発展に貢献したいと考えているのです。

そのためには、一人ひとりのビジネスパーソンが「話がわかりやすくて仕事が早い人」になることが重要です。それは本書の「ロジカル思考の4要素」を活用していくことで実現できると信じています。「合目的」「構造化」「論拠」「網羅」という4要素です。

ロジカル思考の研修を受けたことがある人や、関連する本を読んだことがある人は多いでしょう。しかし、仕事においてロジカル思考ができない人がたくさんいる現実に、問題意識を感じてきました。

本書はロジカル思考について少しでもわかりやすく、実践的な内容にしたいと思い、書いたつもりです。

最後にお伝えしたいことは、自己流はムダが多い、ということです。なんとなく知ったことを実践するよりも、本書にあるような原理原則を活用して仕事に取り組んでみてください。

また相手に納得してもらうためには、「感情のＹＥＳ」と「論理のＹＥＳ」が必要ということを忘れないでください。ロジカル思考は重要なツールですが、万能のツールではありません。両方を整える、これを両立思考といいます。ロジカル思考に加えて、相手や周囲の感情に配慮することも意識していきましょう。

「大きなことを成し遂げたければ他人との摩擦を避けよ」

これは私が研修でお伝えしていることです。ロジカル思考を学んで他人を攻撃したり、感じが悪くなったりすることがないようにご留意ください。

本書を世に送り出すにあたり、関係者の皆さん、そしてさまざまなヒントをくださった企業の人材育成ご担当者、数多くの研修受講者の皆様に心から感謝をささげます。

そしてこの世に生きるチャンスをくれた群馬県に住む両親、ならびに日々の生活を支えてくれて豊かなものにしてくれている妻の久美、二人の息子たちにも「ありがとう」の気持ちでいっぱいです。

2025年2月

富沢 裕司

富沢 裕司　とみざわ ゆうじ

1973年、群馬県生まれ。マキシマイザー株式会社代表取締役。大学卒業後、三洋電機（現パナソニック）入社、32歳にしてフランクフルトのヨーロッパ拠点長を務める。その後、経営共創基盤とマブチモーターでの勤務を経て、人材育成会社のプレセナ・ストラテジック・パートナーズで10年間企業向け研修講師を1000回以上担当した後、マキシマイザー株式会社を設立。現在は企業向け研修を多数提供。過去から現在においてトヨタ自動車、本田技研工業、パナソニック、日本製鉄、住友重機械工業、日本精機、大同生命保険、きらぼし銀行、三井不動産、野村不動産、イオン、グンゼ、ヤマト運輸、リクルート、楽天、Yahoo、メルカリなど、さまざまな業種、業態の会社の幹部、中堅、若手に対して研修登壇を行っている。

仕事ができる人は4つのことだけを考える

2025年 3月 6日　初版発行

著　　者　富沢裕司
発 行 者　太田　宏
発 行 所　フォレスト出版株式会社
〒162-0824
東京都新宿区揚場町2-18　白宝ビル7F
電　　話　03-5229-5750（営業）
03-5229-5757（編集）
U R L　http://www.forestpub.co.jp
印刷・製本　日経印刷株式会社

ISBN978-4-86680-314-2　Printed in Japan

仕事ができる人は
4つのことだけを考える

本書の読者へ
著者から無料プレゼント！

さらに仕事ができる人になるための
知性と知能の磨き方

- 知性と知能を両立させる
- 知性を磨くためにするべきこと
- 『貞観政要』に学ぶ上に立つ者の考え方
- 『貞観政要』から学ぶ行動指針10選

知性と知能とは何か？　両立できるのか？　ならびに人の上に立つための考え方を著者がまとめました。
より「話がわかりやすくて仕事が早い人」になるために、ぜひご活用ください。

無料プレゼントを入手するにはこちらへアクセスしてください。

https://frstp.jp/logical

＊無料プレゼントのご提供は予告なく終了となる場合がございます。
＊無料プレゼントはWEB上で公開するものであり、CDやDVDをお送りするものではありません。あらかじめご了承ください。